本书是国家社科基金项目（07BYY005）“英汉社会用语的语用实证研究”成果之一，获南京大学“985 工程”三期改革型项目“当代西方语言学前沿理论研究与应用探索”（NJU985JD05）及江苏高校优势学科建设工程资助。

《语用学学人文库》编委会

语用学学人文库
何自然 主编

社会用语的语用心理分析

social usages of language

陈新仁 等 著

暨南大学出版社
JINAN UNIVERSITY PRESS
中国·广州

图书在版编目（CIP）数据

社会用语的语用心理分析 / 陈新仁等著．—广州：暨南大学出版社，2013.9
（语用学学人文库）
ISBN 978－7－5668－0524－9

Ⅰ.①社… Ⅱ.①陈… Ⅲ.①社会心理学—语用学—分析
Ⅳ.①C912.6②J03

中国版本图书馆 CIP 数据核字（2013）第 060157 号

……………………………………………………………………………………

社会用语的语用心理分析
著　　者　陈新仁等

出 版 人　徐义雄
策 划 人　杜小陆
责任编辑　黄少君
责任校对　周明恩
出版发行　暨南大学出版社（广州暨南大学　邮编：510630）
网　　址　http：//www.jnupress.com　http：//press.jnu.edu.cn
电　　话　总编室（8620）85221601
　　　　　营销部（8620）85225284　85228291　85228292（邮购）
排　　版　弓设计
印　　刷　佛山市浩文彩色印刷有限公司
开　　本　787mm×960mm　1/16
印　　张　13
字　　数　238 千
版　　次　2013 年 9 月第 1 版
印　　次　2013 年 9 月第 1 次
定　　价　29.80 元

（暨大版图书如有印装质量问题，请与出版社总编室联系调换）

总 序

语用学（pragmatics）作为一门学科，近二十多年的发展日新月异。语用学的学术视角从最早的语言哲学扩展到语言学，逐渐触及语言学的各个领域，出现了各类与语用学相结合的新兴学科和边缘学科，对翻译学、外语教学、词典编撰、跨文化交际、人工智能、文学批评、心理学等许多相关学科产生了深远的影响。语用学现已成为当代语言学中的显学，吸引了越来越多的学者从事语用学的学习、教学和研究。

20世纪60至70年代，与语用学有关的课题在西方语言哲学的日常语言学派中十分盛行，但它直到70年代末至80年代初才成为语言学的一个分支学科。1977年，《语用学学刊》（*Journal of Pragmatics*）在荷兰发行，标志着语用学作为一个学科得到正式确认。同一时期，pragmatics引入日本，被翻译为“語用論”，日本学者毛利可信于1978年就曾以“意义的不确定性——从语义学到语用学”为题发表过文章；1980年，毛利可信出版了亚洲第一部语用学专著《英語の語用論》（《英语语用学》）。在我国，语言学界前辈许国璋先生于1979年在中国社会科学院语言所主持出版的《语言学译丛》中就曾连续译介过与日常语言哲学有关的奥斯汀的《论言有所为》等文献。《语言学译丛》改版后的《国外语言学》季刊在1980年就刊登了胡壮麟先生介绍国外语用学的文章。到了1983年，西方正式出版了列文森的《语用学》（*Pragmatics*）和里奇的《语用学原理》（*Principles of Pragmatics*）。这些国外语用学经典著述，经我国学者不懈引进，使语用学在我国开始扎根、发芽。随后，经过三十多年的努力，我国语用学研究得到不断发展，研究队伍不断壮大，与国外同行学者之间的学术交往日益增多，并不断产出具有国际视野的研究成果，体现出中国学者的学术见解和创新。

当然，我国语用学研究的全面创新及语用学学科的深度发展还有很长的路要走；作为我们自己的学术团体，中国语用学研究会也有很多工作要做。2011年，第十二届全国语用学研讨会暨第六届中国语用学研究会年会在山西大学外语学院召开之际，研究会常务理事会决定组织出版“语用学学人文库”（以下简称“文库”），并成立了编委会，约请暨南大学出版社自2012年起出版语用学方面的有关论著。中国语用学研究会认为，在这个时候筹划出版“文库”系列丛书是有其积极意义的，可以极大地促进我国语用学教学与研究的繁荣，使汉语、外语学习和实际运用得到应有的重视，使汉语在我国社会经济生活中的使用质量得到不断提高，并为在国际上普及汉语和宣传中华文化而给力。

我们计划“文库”系列丛书每年出版2至3部专著。这些著述着重反映以下三个方面的内容：第一，评介当前国外语用学学科的前沿课题；第二，结合和借鉴国外语用学的理论和实践，指导和提高我国汉语和外语的教学与研究；第三，介绍我国学者在语用与社会、语用与文化、语用与翻译、语用与心理、语用与认知等方面的创新成果。

我们曾征询过国内外有关专家、教授、学者的意见，草拟了一份“文库”选题建议，发布在“中国语用学研究会网”（www. cpra. com. cn）上，供大家撰稿时参考。我们盼望我国从事语用学教学与研究的同仁能够积极支持这个“文库”的出版计划，踊跃撰稿，为进一步繁荣我国语用学的学术研究作出贡献。

“语用学学人文库”编委会

2012年5月

前　言

语用学是一门研究语言符号与其使用者之间关系的学问。笔者发现，现有语用学研究主要面向个人的语言使用，对发生在公共空间（如机场、车站、码头、景点等），通过公共媒体（如报纸、杂志、电视、电台等）、网络（如互联网、各种内部网络）等面向社会公众传递公共信息的社会用语的研究却相对匮乏，对社会用语缺乏系统的研究和必要的理论概括；对社会用语的社会心理语用分析较为少见，缺乏系统性。就研究的方法而言，主观性较强，过分依赖一些语言形式，结论开放性强，缺乏实证性研究。

为此，本书实证调查了中国语境下社会用语的一些使用维度，从社会心理语用学角度切入，探讨中国语境下社会用语的使用者如何调用各种语用—语言手段，把握、利用各种社会心理因素，从而达到实施说服、推销、发行等目的。

本研究的主要特色包括下列三个方面：

(1) 面向社会用语这一长期以来在语用学界没有得到充分关注和重视的语言应用领域，运用各种语用学理论，较为系统地研究社会用语。

(2) 从社会心理语用学这一全新的理论视角，对社会用语加以深入分析，揭示社会用语与社会心理之间的关系，挖掘社会用语背后的社会心理定位、社会心理机制、社会心理策略、社会心理制约等，考察社会用语对社会公众可能产生的社会心理影响。

(3) 运用多种实证方法，基于大量第一手语料，为社会用语的语用心理分析提供实证支撑。

本书的研究具有一定的理论意义和较明显的实践意义。从理论上讲，本书有助于发现社会用语的使用特点与规律，检验既有语用学理论在社会用语研究中的适用性，揭示社会用语的社会心理成因。在应用方面，本书可以为社会机构、产品、服务等的命名活动提供专业建议；也可以为新闻标题设计、广告用语设计等提供思路；还可以为社会公众更好地认识各类社会用语提供理论指导。

全书由15章及两个附录组成。参与本书编写的人员及分工具体如下：陈新仁作为主编，负责全书的设计，各章书稿的修改、统稿，并独立完成第1、15章，主持编写第3章，参与编写第4、5、7、9、10、12章；郭亚东负责编写了第2章；张翼、詹全旺负责编写了第4章；鞠琳负责编写了第5章；陶恒、高虹合作编写了第6章；潘成云负责编写了第7章；胡旭辉负责编写了第8章；曹燕黎负责编写了第9章；吴珏负责编写了第10章；李民负责编写了第11章；袁周敏负责编写了第12章；俞希负责编写了第13章；刘性峰负责编写了第14章；毛延生负责编写了附录1；邓景负责编写了附录2；戴彩红参与了第3章的编写工作。在语料、文献的收集、整理、分析过程中，得到了我的博士生毛延生（现为哈尔滨工程大学教师）、景晓平（现为南京理工大学教师）、袁周敏（现为南京邮电大学教师）、任育新的支持，在此一并表示感谢。需要说明的是，本书中个别章节的内容曾作为项目的阶段成果在国内一些刊物上发表过，在收入本书时编者对内容及体例做了一些必要的完善与统一。

社会用语涵盖面广，与社会心理的联系无处不在，因此，出于可行性的考虑，本书开展的语用心理分析只聚焦于广告用语、商业性命名用语、新闻标题用语、告示语等，对于上述四类社会用语也只能采用抽样的方法。本书较为系统开展的关于社会用语的语用心理分析无论在国内还是国外都尚属首次，具有一定的探索性。当然，不成熟、不恰当之处同样难免。编者权当抛砖引玉，祈请专家、同行们批评指正。

陈新仁

2013年6月

目　录

第三部分 商业性命名用语的社会心理探究

第四部分 新闻标题用语的社会心理考察

第六部分　结束语

第一部分

研究概述

本部分为全书导论，简要交代本书的研究对象和目标，重点描述本书采取的理论视角——社会心理语用学，涉及相关研究背景，讨论语言使用与社会心理的关系，呈现社会心理语用学的主要研究课题，介绍社会心理语用分析的理论工具，陈述社会心理语用分析的分析方法。最后，对本书的主要内容和结构进行介绍。

第1章 导 论

本章作为全书的引子，旨在向读者介绍本书的研究对象与目标、采用的理论视角以及本书的宏观结构。

1.1 本书的研究对象与目标

语用学研究语言符号与其使用者之间的关系，其重要特点在于联系语境开展研究。就本书而言，我们关注的是社会用语的使用情况，具体来讲，我们拟从社会心理或语用心理角度，探究社会用语的使用特点、策略动机、语用制约等。

作为社会公众场合下使用的公共语言，社会用语指的是“具有行政、商业、公益等性质的某个社会实体在各类公共场所（如机场、车站、码头、景点等）、公共媒体（如报纸、杂志、电视、电台等）、网络（如互联网、各种内部网络）等公共社会空间里面向社会公众传递公共信息的交际用语”（陈新仁，2013），分别如下列各例所示：

①禁止吸烟。
②××是我家，卫生靠大家。
③事故多发地段。
④中国伦敦奥运会代表团昨日在京成立。
⑤本店8月1日搬迁到淮海路22号，欢迎新老客户前往惠顾。
⑥本店所有服装八折优惠。

上述各例都属于社会用语的范畴。例①属于告示语，其功能是阻止、禁止社会公众在相关区域吸烟；例②是宣传语，其功能是号召社会公众积极参与卫生活动；例③是交通告示语，其功能是提醒行人及车驾人员注意安全；例④是新闻标题用语，其功能是传递相关新闻信息；例⑤是一则通告，其功能是告知特定消费群体相关搬迁信息。例⑥是一则促销广告语，其功能是吸引消费者前来购买衣物。

作为日常生活中使用频率最高、涉及面最广的一种语用现象，社会用语不同于个人交际话语和机构交际话语，有着自身的语用特征和规律。例如，社会用语面向社会公众，具有公共性、实用性、规范性、时效性、多元性、简明性等特点（陈新仁，2013；另见王建华、袁国霏，1999）。

我们注意到，一些具有行政、商业、公益等性质的社会实体在传递公共信息时会利用社会公众的特定心理达到宣传、推销、劝说等目的。例如：

⑦水是生命之源　请节约用水

⑧数量有限，欲购从速。抢购热线：×××××××××。

⑨您的家人在等您回家。请注意行车安全。

⑩开门时先下后上，关门时请勿阻挡，是每个文明人永恒的时尚。

例⑦是一则宣传节约用水的宣传语，制作者将水与生命联系起来，暗示节约用水就是保护生命，而这样的暗示是利用了人们普遍拥有的热爱生命的心理。例⑧是一则促销广告，广告商故意突出数量有限的信息（这一信息可能为真，也可能为假），实质上是利用消费者不愿错过机会的心理，目的是为了促使他们作出购买行为。例⑨是一则宣传交通安全的告示语，利用人们爱家、恋家的心理，从而达到提醒他们注意行车安全的目的。例⑩是一则号召乘客维持乘车秩序的宣传语，暗示文明的乘车行为是先下后上、不阻挡他人，影射了人们想做文明人的心理，进而达到劝说公众文明乘车的目的。

针对社会用语中广泛存在的社会心理诉求，本书的目标是通过实证研究手段，从社会心理语用学角度切入，对社会用语加以深入分析，探讨中国语境下社会用语的使用者如何调用各种语用—语言手段，把握、利用各种社会心理因素达到说服、推销、宣传等目的，揭示社会用语与社会心理之间的关系，挖掘社会用语背后的社会心理定位、社会心理机制、社会心理策略、社会心理制约等，考察社会用语对社会公众可能产生的社会心理影响等。

本书的主要特色包括下列三个方面：

（1）面向社会用语这一长期以来在语用学界没有得到充分关注和重视的语言应用领域，运用各种语用学理论，较为系统地研究社会用语。

（2）从社会心理语用学这一全新的理论视角，对社会用语加以深入分析，揭示社会用语与社会心理之间的关系，挖掘社会用语背后的社会心理定位、社会心理机制、社会心理策略、社会心理制约等，考察社会用语对社会公众可能产生的社会心理影响。

（3）运用多种实证方法，基于大量第一手语料，为社会用语的语用心理分析提供实证支撑。

本书的研究具有一定的理论意义和较明显的实践意义。从理论上讲，本书有助于发现社会用语的使用特点与规律，检验既有语用学理论在社会用语研究中的适用性，揭示社会用语的社会心理成因。在应用方面，本书可以对社会机构、产品、服务等的命名活动提供专业建议；也可以为新闻标题设计、广告用语设计等提供思路；还可以为社会公众更好地认识各类社会用语提供理论指导。

1.2 本书的理论视角

1.2.1 社会心理语用学的研究背景

在我国语用学界，对于言语交际，尤其是会话，现有研究维度主要包括：

（1）从语言哲学，尤其是从分析哲学中的日常语言学派理论（Austin，1962；Searle，1969）出发，将言语使用看作是行为（speech as act），在区别不同类别的言语行为的基础上，探讨实施不同言语行为的适切条件。借助这一视角，我们会透过话语的字面意思，捕捉说话人试图通过该话语执行什么样的施为行为。相关应用研究更多地体现在跨文化言语行为的比较及外语学习者对目标语中特定言语行为的习得上。然而，这一途径并不关心行为产生的社会语境，也不探讨人们如何通过语言使用来构建或改变人际关系（Thomas，1995），它往往专注于孤立的言语行为。

（2）运用 Grice 提出的会话逻辑——会话合作原则，分析揭示会话的隐含意义，重点在于发现言语交际中与话语字面意思不同甚至相反的说话人意思（speaker meaning），话语被看作推理说话人意图的证据。常见应用分析包括：幽默话语、文学会话、外交话语、修辞格等。这一途径有助于认识会话的理解机制，认识会话的推理性质。然而，正如文献中指出的那样，会话含意理论既不关心也不能解释说话人为什么会选择特定的表达方式，尤其是故意违反合作原则或准则来表达其意图。

（3）从社会交往角度，运用 Geoffrey Leech（1983）提出的礼貌原则及其准则和 Brown & Levinson（1978/1987）提出的面子理论分析会话中的礼貌问题，结合言语行为的实施问题，考察威胁面子行为（language as FTA）

实施所使用的积极或消极面子策略。前者试图“拯救”Grice 的合作原则（因此不是一般的宏观理论，而是修补性理论），回答了说话人为什么有时会故意违反合作原则或准则。后者借鉴 Goffman（1967）的“面子”概念，赋予面子更丰富的内涵，在区分积极和消极面子的基础上，详细探讨了各种面子策略，并且讨论了影响策略选择的一些社会变量，比礼貌原则更具有一般理论价值。

（4）从语用认知角度，揭示言语交际中话语理解的认知属性和机制。Sperber & Wilson（1986/1995）创立的关联理论是这方面的代表性理论。这一理论有助于我们了解话语理解的过程及制约因素，但由于侧重于理解者的个人认知行为，并不回答说话人选择特定的话语形式是出于什么样的社会考虑，因此对关联搜寻的社会制约缺乏探讨。

（5）从语言顺应语境的角度探讨话语的产生机制（Verschueren，1999），突显话语的选择属性和顺应本质，从语言选择的语境相关因素、不同层次的语言选择、选择的机制或动态过程、选择的意识程度展现语言选择的变异性、协商性和顺应性。相关应用包括信息过量、语码转换等。然而，该理论较笼统，关注语言选择的一般机制，不会具体探讨人们如何能动地通过言语互动来构建、调整人际关系。

（6）运用会话分析的方法，侧重描写会话的话轮转换、会话修正等机制，通过对自然会话语料的收集、整理和分析，揭示从表面上看显得杂乱无章的会话中广泛存在的各种规则性内容和形式特征。应用分析包括课堂话语、日常交际、医患对话等。这一研究途径过于偏重描写，对会话行为背后的意图和动态协商缺乏必要的关注。

近年来，除少数课题（如语际语用学研究、词汇语用学研究）外，我国语用学研究热度从总体上看有所减弱，与认知语言学相比更是如此。目前，一种新的研究路径正在流行，即语言模因论，但还有待进一步展示其解释力和说服力。这表明，我国语用学研究要发展，就需要有新的增长点，相应地就需要有新的突破，包括理论上以及视角方面的突破。语用学研究需要更宽广的视野已经成为国内外研究者的共识（陈新仁、佘维，2008）。本章试图在前人（特别是 Holtgraves，2002；Muntigl & Turnbull，1998；Turnbull，2003；Turnbull & Saxton，1997）的研究基础上，讨论研究言语交际可以采纳的社会心理视角，并通过具体实例，揭示语言使用与社会心理之间的密切联系。

1997 年，加拿大西蒙弗雷泽大学（Simon Fraser University）的 William Turnbull 与 Karen L. Saxton 合作的文章“Modal Expressions as Facework in Refusals to Comply with Requests：I Think I should Say ‘No’ Right Now”中

使用了 social psychological pragmatics（社会心理语用学）的术语（就我们掌握的文献看似乎是最早的），指出它从心理角度分析语言资源如何用来发挥人际作用（social psychological pragmatics, the psychological analysis of how linguistic resources are used to do interpersonal work）。1998 年，Peter Muntigl & William Turnbull 在“Conversational structure and facework in arguing”一文中指出社会心理语用学是一种“正在发展中的用来分析言语交际的新途径”，主要任务是“分析会话和社会结构之间的相互影响”。社会心理语用学的核心理论假设是会话乃至整个语言使用创造并反映社会结构。作者以争论性会话应对为例，分析了会话双方如何以面子为目标实施话轮转换和策略选择，如何维持双方的团结关系。分析揭示了交际双方使用的应对资源，交际双方如何共同构建争论这一活动，以及在这一活动中，这些资源如何影响面子。

在现有语用学文献中，与社会心理视角比较直接相关的研究包括 Leech 的礼貌原则和 Brown & Levinson 的面子理论，二者涉及语言交往过程中人与人之间的社会关系、行为态度和影响。总体来看，这一研究向我们表明言语交际背后的社会心理。然而，鉴于社会心理的复杂构成，仅从面子角度描写语言交际是远远不够的。此外，鉴于言语交际的动态性，语言使用者如何在言语交际过程中一步一步地构建和改变人际关系同样值得关注。仅仅关注孤立话语如何体现或未遵循礼貌原则是不够的。

在国内，较早探讨语言使用与社会心理关系的学者是来自汉语界的王德春先生及其合作者，其成果集中反映在《社会心理语言学》（1995）一书中。该书探讨了语言与社会化、语言与社会知觉、语言与社会态度、语言与言语交际、辅助语言手段、语言与人际关系、语言与公共关系、语言与性别差异、语言的社会心理研究、人际关系信息的传递与理解等。由于在过去的若干年中语用学研究主要处于引进介绍阶段，对于国外一些主要理论，如会话含意理论、面子理论、关联理论、语言顺应理论等，该书并未引起足够的关注。我们认为，该书中有相当一部分内容隶属于本书的研究范畴，并将对本书的写作具有指导作用，不足的是作者未能明确区分语言层面与语用层面，语用动机的动态性等未能充分体现，在研究方法上规定性色彩比较浓，借助自然语料进行的描写与分析不足。因此，有必要引入较新的语用学理论，完善研究方法，建立起社会心理语用学的学科体系，在分析自然语料的基础上探索语言使用和社会心理的互动形式和影响。吴亚欣（2008）以个体心理学和社会心理学为理论基础，也提出了语用学研究可以引入社会心理视角，对语言产出过程和语言理解过程的社会心理加以研究，从而为社会心理学和语用学之间的跨学科研究提供一个研究框架，值得关注。

我们认为，从理论上讲，通过引入语言使用的社会心理维度，可以更真切地考察语用主体在语用中的作用和影响，从而可以拓宽并且深化语用学研究。从应用角度看，由于言语交际贯穿于一切社会活动领域，对动态的言语交际进行社会心理分析，可以增进人们之间的相互理解，同时，通过探讨广泛的社会用语，可以揭示其中的社会心理倾向及变化。毫无疑问，这种研究对日常交往、语言教育、新闻传播、媒体宣传、社会管理等都十分有意义。

1.2.2　语言使用与社会心理

2002年，美国印第安纳州鲍尔州立大学（Ball State University）Holtgraves教授的著作*Language as Social Action*：*Social Psychology and Language Use*对语言使用与社会心理的关系作了系统的研究。在他看来，语言使用不仅是行为，更是社会行为，是涉及自我与他人的行为。我们试图用语言行事，但行事的方式对社会语境十分敏感。我们说什么以及如何说一般会受到我们对谈话对象的性格、背景知识以及社会关系等认知的影响。同时，当我们使用语言时，会为别人带来行为、思想、情感等方面的变化。换言之，语言行为影响交际者对彼此的想法或感觉。语言使用是受别人影响的行为，同时也是影响他人行为的手段，如寒暄、道歉、祝贺等。正是语言使用和社会语境之间的相互关系使得语言使用成为一种真正的社会心理现象（Holtgraves，2002.2）。这就注定了人们要理解别人或被别人理解，就得与别人协作。

Holtgraves认为，语言与社会语境之间存在密切的关系，语言使用是许多社会心理现象极为重要的组成部分。语言使用与个人感知与记忆（personal perception and memory）、印象调整（impression management）、归因（attribution）、人际关系发展与满足（relationship development and satisfaction）等密切相关，甚至是这些社会心理现象的实质。例如，有些研究"自我"（self）的学者（Malone，1997）认为，语言是构建自我的场所，自我不是有界的、单一的实体，而是在不同场合下使用语言并不断创造出的东西。以往社会心理学家对语言研究的贡献不大，往往忽视语言在社会心理过程中的作用。现在，已经有学者开始探讨语言在偏见和成见中的作用，也有学者研究语言在个人感知、社会思维（reasoning）中的作用。

Holtgraves（2002）针对语言使用与社会心理之间的联系提出了下列论断：

（1）语言使用是一种行为（language use as action）。

在许多语言学家和哲学家那里，语言是一种抽象的系统，他们不关注谁使用语言，在他们眼中只有理想的说话人，他们也不关注语言如何被使用，为什么被使用。

从社会心理视角看，使用语言就是作出某种行为，一种有意义的行为、有意图的行为，会产生影响或后果的行为。一旦语言使用被看作有意图的行为，识别语言和行为之间的联系就很重要。以间接言语行为为例，人们能否在一定层次上识别说话人话语中试图执行的行为？这种识别属于什么性质？说话人需要具备什么样的心理状态才能用语言成功做事？识别过程是否会因语言行为的实施方式而变化？如何判断说话人是按字面说话还是另有他意？这时，社会关系是否有影响？表达和理解语言行为需要什么知识？使用语言能做到哪些事？言语行为理论是关于行为的理论，稍加发展，就可以成为社会心理理论。

（2）语言使用是一种人际行为（language use as interpersonal action）。

语言使用不仅是行为，更是人际行为。我们用语言做事会对相关人的思想和情感产生影响，会影响他们之间的关系。每个人都有情感、目标、思想和价值观，用语言做事必须对这些敏感。人际间的关注是彼此联系的。以寒暄为例，一方的寒暄期待另一方的回应。寒暄—回应寒暄标志着人际关系的正常存在和维持。面子理论是真正的社会心理学途径。作为人际行为的表现方式，语言使用提供关于身份的信息。在让人做事时，不同的行使方式代表了对人际关系的不同定位，身份决定了如何选择特定的行使方式。故意不按照给定身份行事则意味着对双方关系的重新定位。以打断为例，不同社会关系的人是否可以采用相同的方式打断？打断方式对个人感知或印象的形成有无影响？会话可以获得各种人际结果，包括印象调整与个人感知。

（3）语言使用是语境化行为（language use as contextualized action）。

会话行为并不是孤立的活动，而是发生在社会语境和话语体系中。语境一方面有助于理解说话人试图传达的意思，另一方面有助于确定其话语的人际后果。话语的意义（意图中的或意图之外的）不仅在话语本身，还在于话语所处的语境中（如话轮序列），如各种预示语列。我们要关注什么样的会话机制使得人们能连贯地、协调地进行会话。话题是如何引入、维持、改变的？会话结构对意义的表达和理解有何影响？会话结构的人际后果是什么？会话结构与社会结构之间是否存在对应的关系？以会话修正为例，自我修正与他人修正是否与社会关系有关？

(4) 语言使用是协商行为（language use as coordinated action）。

语言使用作为人际行为涉及他人的参与。语言是一种基于双方协调的行为，特别是如何协调双方的视角。以视角选择为例，视角对语言使用的许多层面都有影响，如话语的意义和指称、特定言语行为的执行、话语的人际后果等，指示语（如 come/go 的投射问题）的使用即是这方面的例子。成功执行一个言语行为，往往需要某种程度上的视角选择。问题是：人们是否总是能够成功地选择视角？有无会话机制帮助人们提示或识别彼此的视角？视角选择能否让我们对对方的背景知识进行判断？

(5) 语言使用是心理行为（language use as thoughtful action）。

之所以说语言使用是心理行为，是因为大量的人类认知，特别是人类社会认知是以语言为中介的。尽管语言决定思维的说法即沃尔夫假设显得过于极端，但语言与思维方式息息相关却是被普遍认可的。需要了解的是：语言的哪些方面与思维的特征相关？语言使用如何影响社会认知？语言提供了感知、思考他人的工具，因此，我们思考、感知的方式也许会受到语言的影响。我们使用语言的方式可能影响别人如何思考或记忆相关的人或事。一些与偏见、成见相关的词语（如 communism、dragon）会激活特定的图式（schema），进而影响人们的社会认知。

话语社会心理学（discursive social psychology）（Potter，1996、1998）是社会心理学研究中的一个新兴视角。这一研究途径对主流社会心理学提出批评，指出许多被认为是稳定的社会心理概念（construct），在本质上是可变的，如态度。它们只是表面上显得稳定、单一，原因是社会心理学家强制性地将它们归于事先设定的概念范畴中。事实上，在不同时期、不同场合，态度经常是相互矛盾、不一致的。只有了解态度是如何通过语言建构起来的才可以知道这一切。话语社会心理学家建议把语言作为独立的研究话题，而不只是将它看作某种内部心理结构的反映。诚然，发出和理解话语的是个人，但话语采取什么形式、如何理解离不开其发生的社会语境。例如，说话人会注意保护或调整自己或对方的身份，这一关注会影响他如何措辞。反之，如果对方意识到这些，则会影响理解的方式。语言使用最根本的方面都与社会关注交织在一起。要了解语言表达和理解，必须考虑到社会维度。

基于语用与社会心理的内在联系，我们可以把语言使用重新定义为人际的、语境化的、协商的和心理的行为。选择某种说话方式就是为了满足对方社会关系的需要，而不仅仅是表达含意。因此，我们不仅需要关注交际者使用间接、隐含性话语所传达的会话含意，而且需要关注他们试图获得的社会心理效应，前者涉及说话人以言行事，后者涉及说话人以言成事。如果说言语行为理论关注的是以言行事，社会心理语用学关注的则是在社会语境中以言成事以及为今后的以言行事做准备。如果说言语行为理论关注的是个人如何以言行事，社会心理语用学关注的则是个人如何与他人协作行事。

面子、礼貌理论也涉及语言使用与社会心理的关系，但未形成系统，未和社会关系的构建发生联系，根本原因在于它们产生的目的是针对言语行为理论的修正，而不是独立地从语用和社会关系的联系出发提出这些理论。如果说合作原则描绘了会话的基本范式，社会心理语用学则解释了这一默认范式产生的社会根源。如果说礼貌原则解释了人们为什么故意不合作，社会心理语用学则解释了这种故意不合作对人际关系的影响。

从语言使用与社会心理的关系出发研究语用学，可对语言教学、人际沟通、社会学研究等作出贡献。同时，语言使用与社会心理的关系也会影响语言系统，这就意味着相关研究可以推进对语言本身的认识，即吴亚欣（2008）所说的："只有把前人偏重符号方面的语用学研究和现在这种偏重对使用符号的人的研究结合起来，才能够完成查理斯·莫瑞斯给我们提出的'语用学'的研究任务。"

1.2.3 社会心理语用学的主要研究课题

社会心理语用学关注语言使用的社会基础，关注语言中的人际资源，关注语言交往的人际后果。狭义的社会心理语用学聚焦于个体之间交际中涉及的个体心理或人际关系问题，其总体问题可以表述为人们如何用语言资源做人际工作，包括如何呈现自我形象和他人形象、表达或消除偏见、推进人际关系、建立平等或亲和关系等。广义社会心理语用学聚焦于公共领域（如广告用语、标识用语、宣传用语、新闻话语等）中交际涉及的个体、群体或社会心理问题。

（1）分析人际因素对话语表达/理解的影响。

在日常交往中，人们说什么以及怎么说，不仅受交际目的本身的影响，而且还受双方人际关系、背景知识等影响。就闲聊（small talk）而言，我们这样做是出于社会交往方面的考虑。不妨看一看下面的对话：

⑪W：小陈在家吗？
Z：去打乒乓球了。
W：（径直向前走）他现在注意锻炼身体了。

这里，W 碰到 Z，出于礼貌向 Z 寒暄了一下。Z 回应后，W 说了第二句，但其身体语言（径直向前走）表明，他并不在乎 Z 说的内容，但这不等于第二句话不重要，其重要性是社会性的，而不是话题性的。

事实上，一旦考虑到人际关系因素，我们就能很容易地对话语的产出作出正确的解读，相应地，可以揭示其社会心理效应（socio-psychological effects）（陈新仁，2004a. 109）。例如：

⑫妻子：昨晚几点回来的呀？

丈夫：十二点多。几个朋友打了一会儿牌。

考虑到双方的社会关系，丈夫附加的话语显然是有动因的，可以起到消除误会的作用，有利于维持双方关系的和谐。又如：

⑬甲：我的吉他哪里去了？

乙：不知道。玛丽来过。

乙的回答方式一方面可以为甲提供可能有用的信息，体现友好，另一方面又可以避免引起告发玛丽的嫌疑。

（2）分析社会身份对话语表达/理解的影响。

一个人在社会中具有多重身份。当甲对乙讲话时，是把乙当作朋友、领导，还是普通人，对于甲选择话语方式具有系统的影响。同时，甲也是通过选择话语方式来确定这种关系，并有可能改变这一关系。人际关系既有稳定的一面，也有变化的一面，人们需要在交际中界定这一关系。甲在试图确立特定的关系时，需要乙的认同。当乙不接受甲的定性时就会出现不和谐的信号，比如甲使用比较亲昵的话语方式，而乙却可能采取比较正式的方式。因此，我们有必要去分析会话，来揭示交际中不断演绎的人际关系。试看下例（陈新仁，2004b）：

⑭（康熙御驾亲征，不幸染上重疾。留守的太子在索相的怂恿下企图提前登基，后被康复了的康熙获悉。）

太子：皇阿玛，我错了。

康熙：不要叫我皇阿玛，叫我皇上。

太子：皇上，儿臣错了，请皇上降罪。

这里，太子对父亲康熙沿用以前的称呼方式，遭到后者的拒绝，并被命令采用代表君臣关系的称呼方式。显然，这会给太子带来震动，这也是他能立即意识到自己的罪行暴露并赶紧认罪的原因。

在新闻报道中，我们经常会发现记者故意凸现当事人的身份特征以达到特定的报道效果。例如：

⑮南京一国土局副局长酒后开车撞死女中学生（《扬子晚报》2008 年 9 月 18 日）

这里，肇事者的身份和受害者的身份在标题中同时被彰显，这两种身份显然是不对称的：前者代表的是权势，后者代表的是弱者。该标题借助身份突显策略，可以唤起读者对受害女中学生的同情，激起对肇事者的愤懑。

（3）分析个人动机对话语表达/理解的影响。

我们习惯于解释他人的行为，包括其言语行为。我们总是会问：对方为什么这样？这就是所谓的归因（attribution）。一般有两种趋向，一是寻找内部解释，二是寻找外部解释。上面我们谈到人际考虑会使一个人这样说话，而不是那样说话。同样，我们也会从说话人对自身的考虑出发解释其话语。例如，我们想知道说话人礼貌背后有无个人目的？使用委婉语等是不是想给对方留下好的印象？领导对下属的礼貌是否想建立亲和的形象？说话人在自己面前讲外语是不是为了炫耀？推而广之，教师/朋友怎样通过话语构建自己的形象？说话人如何调整别人对自己的印象（impression management）？如何通过对方的特定话语方式感知对方（person perception）？是攻击性的（aggression）还是利他的（altruism），抑或是自私的（selfishness）？

（4）分析心理倾向对话语表达/理解的影响。

人们在言语交际中经常存在自我中心的解释倾向（egocentric bias）（Holtgraves，2002．135）。日常生活中许多误解的产生，不只是因为交际信道或编码—解码出了问题，有时也是视角选取（perspective taking）的原因。关于误解的研究（宗世海，2003）、反语理解的研究（刘飞兵，2007）等都说明了这一点。人们有时字面解读反语，除了对语境不敏感外，朝有利于自己的方向解释话语是根本原因。乐观原则（Pollyanna Principle）（Leech，1983．137）也可以用来解释部分言语交际现象，如“有 + X”，Be a man，Luck。禁忌心理则导致委婉语的使用。各种成见/偏见是如何在话语中表现的？反过来，它们又是如何影响话语的解读的？心理倾向可以为关联搜寻确定方向。

（5）分析社会心理策略的利用对话语表达/理解的影响。

在生活中，人们的行为往往由于其自身的弱点而容易受到他人话语的操控。广告商经常善于把握消费者的心理，作出具有很强说服力的广告。例如：

⑯为什么这样多的患者服用×××？（某药品广告）
⑰聪明的女人用“××”（某卷筒卫生纸上的广告词）

在例⑯中，广告商利用预设机制（该句预设很多患者服用×××），可以巧妙地捕捉到消费者的从众心理。在例⑰中，广告商通过含意手段（该句的含意是不用“××”的女人不聪明），刺激女性虚荣好胜的心理，从而达到鼓动她们购买“××”的目的。

（6）分析语言使用对社会公众的心理影响。

2008年5月12日，四川省汶川县发生里氏8级强烈地震后，全国各地大街小巷拉起各种抗震救灾横幅标语，诸如“抗震救灾，众志成城”、“我们与灾区人民心连心”等。杭州某社区中心挂起了“天堂人心系灾区”的横幅，引发了争议。该标语的本意是要表达“杭州人心系灾区”（人人都知道“上有天堂，下有苏杭”这句俗语，制作者用“天堂人”指代杭州人），本无他意，问题是杭州人若以“天堂人”自居，让“天堂人”与“灾区人民”形成了强烈的反差，会在客观上传递某种优越感，这是十分不得体的说法。另外，在汉语中，“天堂”还可指人去世后的归属，因此，该标语也可以解读为灾区人与已经逝去的人在一起，读上去会让人感到不寒而栗。难怪该横幅数日后便被悄然换下。

需要说明的是，为行文方便，避免用语单一，本书中对“心理”、“社会心理”、“语用心理”、“心理倾向”、“心理语用分析”、“社会心理分析”和“社会心理语用分析”等不作明确的区分。

1.2.4　社会心理语用分析的理论工具

很多语用学理论都可以用来分析社会用语中的语用心理，这里我们只选择语言顺应论和模因论加以介绍，盖因二者在本书中更多地被借鉴。

（一）语言顺应理论

Jef Verschueren 在《语用学新解》中提出语言顺应理论，以一种新的视角考察语言的使用，为语用学整体理论的构建提供了新的思路。语言顺应理论是 Verschueren 提出的一套完整的语用学理论。Verschueren 认为语言的使用过程是语言使用者基于语言内部和外部的原因而在不同的意识水平上不断地进行语言选择的过程，其中包括语言形式和语言策略的选择。语言使用者之所以能够在使用语言的过程中不断地选择，是因为语言具有变异性、商讨性和顺应性。

1. 语言的三个基本特征

（1）变异性。

语言的变异性是指语言具有“一系列可供选择的可能性”（the range of possibilities from which choices can be made）（Verschueren，1999. 59）。语言的这一特征主要体现在历时和共时两个方面。在历时方面，语言的发展变化使语言出现了多样性，不同历史时期的语言为语言的使用提供了多样性的选择，如电视剧中的台词，不同的历史时期就有不同的语言选择（韩晓英，2007）。在共时方面，语言也有不同的变体，大到不同的语种，小到各种方言为我们使用语言提供多种选择的可能性，即使是同一种语言，无论是在词汇层面还是在句法层面都为人们提供了多样性的选择可能，如简单的道别语，我们可以说“再见”、“拜拜”、“88”、“沙扬娜拉”等。语言的变异性为语言提供了多种选择。

（2）商讨性。

语言的商讨性是指语言使用中“所有的选择都不是机械地，或严格按照形式—功能关系作出，而是在高度灵活的原则和策略的基础上完成”（choices are not made mechanically or according to strict rules or fixed form-function relationships，but rather on the basis of highly flexible principles and strategies）（Verschuren，1999. 59）。其含义在于：对一系列可供选择的语言项目，不存在符合不符合使用规则的问题，只存在语用原则上适切与否的情况。商讨性包含着其自身的不确定性。例如，简单的道别语“再见”、“拜拜”、“88”、“沙扬娜拉”等，从没有任何严格的标准或原则规定我们只能用某一个道别语，在交际的过程中我们完全可以灵活地根据具体语境进行协商。

（3）顺应性。

语言的顺应性是指“语言具有能够让语言使用者从可供选择的语言项目中进行灵活选择，从而满足交际需要的特性”（the property of language which enables human beings to make negotiable linguistic choices from a range of possibilities in such a way as approach points of satisfaction for communicative needs）（Verschueren，1999. 61）。顺应性应该是语言使用过程的核心，因为语言的使用过程其实就是语言的一个选择过程。由于这一特征的存在我们的语言交际才能够顺利进行。语言的顺应性让语言交际有了明确的目标，无论语言选择过程怎样进行协商，其目的就是为了最大限度地满足交际的需要，以期达到最佳的交际效果，这是语言运用的普遍手段。在上述例子中，我们需要顺应具体的语境来从这许多的可能中作出最顺应的选择。正是因为我们作出了最顺应的选择，交际才得以成功。

以上我们论述了语言具有的三个特征，它们互相联系、密不可分，构成了语言运用的基本要素。其中，变异性和商讨性是基础，顺应性是核心，也是目的。顺应性体现在变异性和商讨性之中。语言的变异性和商讨性为语言的顺应性提供条件，没有变异性和商讨性就没有顺应性。语言使用者能驾驭语言，充分有效地表达自己的思想情感，与他人进行交际，正是利用了语言的这一特性。顺应过程是一个认知过程，是语言使用的机制和根本，它要求交际者以恰当的方式在可能的范围内作出顺应交际需要的语言选择，从而完成交际的目的。顺应现象可以发生在语言组织的各个层面上。

2. 顺应论的四个研究角度

Verschueren 认为，顺应性概念为语言现象的语用描述和语用解释提供了四个研究角度，即顺应的语境因素、顺应的语言结构、顺应的动态机制和过程（the dynamics of adaptability），以及顺应过程的意识突显程度（the salience of the adaptation processes）。这四个研究角度构成了语用综观有机组成部分，在语用研究中，它们虽处于不同层次，却起着互相补充的作用。

顺应的语境因素指的是在语言使用过程中，语言的选择必须与交际语境相顺应。语言顺应论中的语境观如图 1－1 所示（陈新仁，2009a. 177；Verschueren，1999. 98）。

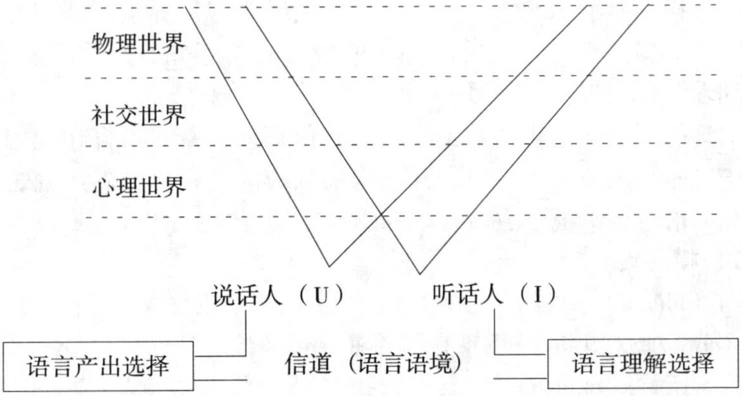

图 1－1 语言顺应论中的语境观

从图1－1可以看出，说话人（utterer）和听话人（interpreter）是语言使用的焦点，只有在言者和听者在场的情况下才有交流，语境才会被激活。物理世界（physical world）包括时间和空间的指称关系。就时间而言，它包括事件的时间、说话的时间和指称的时间（Verschueren，1999. 96）。时间往往存在某种不确定性。空间指称包括绝对的空间关系、说话人的空间、指称空间，以及交际双方在物理世界中所处的位置，与言语行为有关的体态语——身体姿势、手势，以及交际双方的生理特点和外表形象等。社交世界（social world）指社交场合、社交环境对交际者的言语行为进行规范的准则。在社交世界中，文化是一个很重要的因素，因为语言使用者是生活在具体的社会文化环境中的人，他们的语言受到社会、文化规范的制约。所谓心理世界（mental world）涉及交际双方的个性、情感、信仰、动机等心理状态，这些因素在语用学研究中起着非常重要的作用。图1－1中的信道（channel）即语言语境（linguistic context）。语言语境，即通常所说的上下文，它不仅在一定程度上制约着语言符号的使用，同时又推动对语言符号的理解。

顺应的语言结构指的是语言各个层次的结构和结构组成的原则，包括语言、语码、语体的选择、话语构建成分的选择、话语和语段的选择，以及话语构建原则的选择等（Verschueren，1999. 132）。

顺应的动态机制和过程是语言顺应理论的核心。所有的语言使用都发生在具体的动态过程中。语境和语言选择的相互顺应是双向的动态过程，也是以语用策略为基础的选择过程。

顺应过程的意识突显程度指的是与认知机制相联系的顺应过程的状态。顺应选择是有意识的认知过程，对于周围客观世界进行感知并形成表象是交际的前提。交际者先要对讲话的内容有所感知，然后再表述出来，才能达到理解并实现交际的目的。

顺应论的四个研究角度是相互联系和依存的关系。语言在使用与理解的过程中，必须关注对语境与语言结构的顺应。语言意义的产生过程是语言结构顺应语境、语境顺应语言结构的一个动态过程。

（二）模因论

模因（meme）一词最早由英国牛津大学动物学家和行为生态学家Richard Dawkins（1976/1989）在其著作*The Selfish Gene*中提出。“meme”最早源自希腊词“mimeme”，意思是指“被模仿的东西”，英文“mimic”也由此而来。“meme”一词在国内有多种译法：“音译的有‘密母’、‘谜米’、‘摹因’、‘幂姆’、‘觅母’等；音意兼顾的有‘拟子’、‘模因’、‘仿因’等。”（崔学新，2008）其中，何自然教授荐译的“模因”最广为接受。

Dawkins（1976/1989）把“meme”定义为：“文化传递的单位，通过一个过程从一个人的头脑进入另一个人的头脑。”《牛津英语词典》给“meme”下的定义是：“文化的基本单位，通过非遗传的方式，特别是模仿而得到传递。”《韦氏词典》把它释义为：“在文化领域内相互散播开来的思想、行为、格调或语用习惯。”从这些定义可以看出，模因是一种文化因子，通过模仿能够进行复制和传递。生物学中基因通过遗传而代代传递，但模因却有本质的不同。基因只能从父母向子女传递，属于垂直传递（vertical transmission），而模因却能在任何两个个体之间进行传递，属于水平传递（horizontal transmission）；模因的生存完全依赖“传递”这一行为，而基因的传递却是自然产生的（Cullen，1998）。模因的表现形式几乎涵盖了人类社会的所有文化实体，如宗教、语言、时尚、音乐、技术、科学理论、观念、习俗、传统等，任何一个信息，只要能够通过广义上称为“模仿”的过程而被复制和传递，根据模因学研究，就可以称为模因了。Dawkins 的学生 Susan Blackmore 在 *The Meme Machine*（1999）一书中认为，基因之间相互竞争，不顾一切地要进入到下一代的体内，最终决定了生物世界的格局及其结构；与此类似，模因之间也相互竞争，不顾一切地要进入到另一个大脑、另一本书、另一个对象之中，并最终决定了文化及心理结构。在上述学者的努力下，20 世纪末逐步形成了用“模因”解释文化进化的新领域（冉永平、张新红，2007），关于模因的研究，即模因学或模因论也应运而生。

模因的生存与生物学中“适者生存”的规律一样，也依赖于“适”。Heylighen（1992）给模因的成功传递列出了三个基本要素：①模因携带者的生存能力；②模因的个体学习能力；③模因传播或传递的趋势。第一个要素与生物学上基因的原理相似，只有健康生存下来的模因才能被传递；第二个要素强调了个体应很容易取得新的模因，这要求新模因形式简洁稳定，并不易与已经存在的模因相混淆；第三个要素提出了新模因影响个体的主动趋势。

作为复制因子，那些有生命力、易于复制传递、有传播感染力的模因就是强势模因；而那些生命力弱、生涩难以复制或根本无法吸引传播载体的模因就是弱势模因（冉永平、张新红，2007）。强势模因又分为内容上的强势模因（a strong meme of content）和形式上的强势模因（a strong meme of form）。前者指特定的观念、价值、思维、情感、行为、风俗、习惯等；后者指一些流行的、强势的、有效的语言表达方式。如吴思于 1998 年首先提出了“潜规则”概念，用来指“未必成文却又很有约束力的规矩”，得到了社会的广泛共鸣（王德应、张仁华，2005）。从出现之日起，潜规则就显示出惊人的复制能力，成为一个内容上的强势模因，不断被赋予，运用到官场、娱乐圈、足坛、学界等不同领域。又如，台湾歌手张宇于1999年2月发行了歌曲《月亮惹的祸》，其中的一句歌词“都是月亮惹的祸”红遍大江南北，并渐渐衍生出了公式化的表达方式“都是××惹的祸”，它形象生动、幽默调侃，不断被模仿，运用到其他领域：

⑱坏脾气都是高温惹的祸？（《南方日报》，2008年8月13日）

⑲国奥踢得差都是开房惹的祸？中国足协太有才了！（《中国青年报》，2008年8月31日）

⑳都是期房预售惹的祸（《中国证券报》，2008年11月8日）

这些表达方式言简意丰，出现在报刊的新闻标题中，很好地说明了新闻事件的前因后果，概括了新闻报道的主要内容，吸引了读者的关注，是典型的形式上的强势模因。

如今，模因现象已经得到了广泛的关注和研究，进入了社会、哲学、文化等各个领域。我国学者积极介入，取得了很多研究成果。《外语学刊》2008年第1期甚至开辟专栏，围绕各种模因问题，专门发表了一系列有关研究文章。笔者认为，模因论为众多领域提供了新的研究方法，也为分析新楼盘的“洋名”现象提供了全新的视角。

1.2.5 社会心理语用学的研究方法

就研究思路与研究方法而言，我们扩大分析视野，超越单个话轮，透过多轮甚至整个会话揭示交际者的宏观意图，而不是局部话语的意思或含意，从动机角度揭示话语产生的深层原因，根据动机揭示说话人的社会心理；透过说话人的话语方式及其变化，揭示说话人动态的态度以及对当前人际关系的认定、构建以及修正。这一分析途径集会话分析、面子理论研究、实证心理学于一体，以自然会话为主要语料，对语言使用进行细致的分析。采用客观的测量方式对会话应对现象进行定量分析，同时采用描写和推理性统计分析。在理论参照上，我们不仅利用现有的一些理论框架（如面子理论），而且引入包括语言顺应理论、语用平衡理论（陈新仁，2004b）在内的其他语用研究框架，对现有的课题重新审视，提出新的见解。

1.2.6　结语

本研究面向社会用语这一长期以来在语用学界没有得到充分关注和重视的语言应用领域，运用各种语用学理论，从语用心理角度切入较为系统地研究社会用语，具有一定的理论意义和较明显的实践意义。从理论上讲，本书的研究有助于发现社会用语的使用特点与规律，检验既有语用学理论在社会用语研究中的适用性，揭示社会用语的社会心理成因。在应用方面，本书的研究可以对社会机构、产品、服务等的命名活动提供专业建议；也可以为新闻标题设计、广告用语设计等提供思路；还可以为社会公众更好地认识各类社会用语提供理论指导。

1.3　本书的结构

全书共由 15 章及两个附录组成。第 1 章为全书的导论，介绍本书研究的对象与目标，介绍了社会心理语用学的起源、目标、关注话题等，为后面的实证研究提供理论铺垫。第 2 ~ 14 章分为四个部分，分别涉及广告用语、商业性命名用语、新闻标题用语、告示语四大类别的社会用语，从社会心理语用学角度切入，采用定性、定量的分析方法，并适当进行英汉社会用语的比较，开展一系列语用心理分析，进一步深化人们对社会用语本质的认识。第 15 章为全书的总结，总结本书的主要成果，指出本书存在的主要不足，并为未来研究提出一些建议。两个附录分别涉及祝福短信和网名的社会心理分析，这两类用语与广告用语、（药品、楼盘、企业品牌）商业性命名用语、新闻标题用语、告示语等略有不同，带有一定的个人性，但与一般的个人用语相比又带有更多的公共性色彩，所以也归到本书的研究范围之中。

第二部分

广告用语的社会心理分析

本部分以社会用语中的广告体裁为关注对象，重点考察地产类广告语的社会心理定位，探究女性产品广告的语用心理，剖析广告用语的认知建构与心理机制，通过个案研究，解析阅读中背景知识的激活和参与，探讨含有语码转换的广告的效果产生机制。

第2章 地产广告语的语用心理剖析

本章聚焦中国语境下的地产广告语，考察该类广告语设计背后的语用心理[①]。在介绍了用于分析的地产广告语语料的收集方法后，从语境因素（包括语言语境和交际语境）和语言结构两个维度探析地产广告语的顺应特征。

2.1 引言

广告语虽然简短，但作用巨大。它可以传播商品信息，说服目标受众，并最终帮助商家赢得市场。因此广告语的推出往往经过商家细心雕琢，意味深长。于是作为一种特殊的语言应用形式，广告语便在商家——话语发出者和消费者——话语解释者之间变得妙不可言。迄今为止，许多学者对广告语言作了深入探讨，其中从语用学的角度，学者们讨论分析了广告语言中的语用预设、言语行为、合作原则、礼貌原则、语言顺应等（陈新仁，1998；郑建凤，2001；陈致烽，2002；魏在江，2002；崔秀珍、芮燕萍，2009）。

地产广告语，因其特殊的代言物——房子，在当前社会极具特殊性。在中国，家是中国人不断追求的根，房子和家的概念紧密相连。动辄百万的商品房对于消费者而言，绝不是一般意义上的商品。因此地产广告在其目标受众眼中变得与众不同。近几年来，地产广告可谓铺天盖地，充斥着各大城市的街头巷尾，俨然成了城市街头文化的一部分。然而，我们发现针对它的研究却不多，目前只有《跨文化交际中的语用失误——以房地产广告为例》（冯新华，2008）。本章着眼于地产广告语这一类特殊广告语言形式，从维索尔伦（Verschueren）的语言顺应理论（Theory of Linguistic Adaptation）角度出发，着重分析房地产广告语对语境因素的顺应和语言结构选择的顺应，尝试性地剖析这一特殊语言形式背后广告商、开发商和目

---

① 为行文方便，本书对“语用心理分析”和“社会心理分析”不作意思上的区分，二者都指揭示特定社会用语反映出的语言使用者的某种心理特征、动机、需求、期望等。

标受众的认知和语用心理。

2.2　地产广告语语料收集

本书研究的地产广告语主要通过两个途径获得：一是实地调查，研究者不完全调查统计了南京市鼓楼区和浦口区的楼盘广告语；二是网络搜索，研究者通过百度搜索引擎（www.baidu.com）和房地产门户网站（www.house365.com）搜索整理网络上的楼盘广告语。语料汇总后，共收集相关广告语 202 条，删除重复和个别不雅语料 51 条，共得到有效语料 151 条。

2.3　语言顺应论视角下的地产广告语

语言顺应理论（Verschueren，1999）认为，语言是人们维系交际的工具。语言使用过程是一种语言选择过程。这种选择可能是有意识的，也可能是无意识的，取决于语言的内部或外部因素。语言选择不仅仅是语言形式的选择，也是交际策略的选择。语言使用是一种顺应过程，使用者既需要顺应交际意图，又需要顺应交际环境。语言使用中的顺应体现为变异性、商讨性。前者是指语言使用具有选择空间，后者指语言使用不是依照一成不变的规则而是参照交际环境来进行的。所谓交际环境就是人们常说的语境，它由参与或者影响当前交际的社会、心理、客观因素及上下文组成。语言使用者在特定的语境中对语言的选择反映其对语境因素的顺应。依据这一理论，地产广告语作为一种在较高意识程度下所作出的语言选择，带有强烈的交际意图，集中反映了开发商的设计初衷和预期效果。因此地产广告语背后的语言顺应和语用心理值得推敲和研究。

虽然地产广告代言的只是房子这一种商品，但其中包含许多变量因素：开发公司、房型特点、价位水平、配套服务、交通状况、自然环境、目标受众等。这些都是每一条地产广告语或多或少必须考虑的因素。事实上，正是围绕其中的某个或某些因素，开发商、代理商大造其势。因此，地产广告语的创作是一种复杂的语言使用过程，有许多变量参与其中。其作者在创作过程中将进行一系列的语言和非语言的选择和顺应。换言之，地产广告语应该很充分地体现语言使用对语境因素和语言结构选择的顺应，对此我们将通过语料加以证明。

2.3.1 语境因素的顺应

维索尔伦（Verschueren，1999）认为，“语境”是语言交际的环境，用来指与话语相互顺应的一切因素或影响话语处理的一切因素。它包括语言语境和交际语境，后者由物理世界、交际世界、心理世界以及交际双方构成。其中交际双方，即说话人和听话人是整个语境的中心。

1. 对语言语境的顺应

语言语境主要指语言符号系统内的上下文。语言语境对于语言选择的影响是多方面的，如衔接手段的选择、话语的序列安排等（何自然，2007）。它制约着语言符号的使用，又能促进语言符号的理解。因此，广告创作者一般会尽力顺应语言语境以实现其广告目的。例如：

①筑我所想，住我所爱——统建大江园

②阳光、沙滩、海浪、仙人掌，还有一片红树林——爱琴居

从修辞的角度看，例①采用了对仗、押头韵等手法。例②采用了仿词的手法，看起来工工整整，读起来朗朗上口。从语用学的角度看，例①中，“筑”和“住”，“所想”和“所爱”形成了很好的上下文呼应和衔接。相互之间对于字、词的选择有着直接的影响和规定作用；而在例②中，“阳光、沙滩、海浪、仙人掌”立刻会让人想起《外婆的澎湖湾》中“阳光、沙滩、海浪、仙人掌，还有一位老船长”的歌词。前文“阳光、沙滩、海浪、仙人掌”对于下文有着规定的作用，对观众的理解起铺垫作用，而最后“还有一位老船长”变成了“还有一片红树林”。这其中的互文性（intertextuality）手法以及其所产生的语用效果都得益于该广告语对其语言语境的顺应。

2. 对交际语境的顺应

交际语境包括语言使用者、物理世界、社交世界和心理世界等因素。地产广告商在其广告的创作设计中必须要考虑其交际语境。当广告语很好地顺应这些因素时，其所宣传的楼盘才可以夺人眼球，进而尽可能多地赢得市场。

（1）对物理世界的顺应。

在物理世界中时空因素对语言选择具有至关重要的影响。语言顺应中的物理世界主要指时间和空间的指称关系。就时间而言，它包括事件的时间、说话的时间和指称的时间；就空间而言，它不仅指绝对空间概念，还包括交际双方在物质世界中的位置以及彼此之间的相对空间距离，如说话

人和听话人所处的位置、身体姿势、身体状况等（Verschueren，1999；何自然，2007）。虽然与面对面的会话交际不同，但是放大来看，广告语两端的地产商、广告商和目标受众扮演的正是说话人和听话人的角色，而其“会话”的场所便是广告语所描述的楼盘所在地。依照这样的思路，我们可以看到许多地产广告对物理世界作出了顺应，可谓“靠山吃山，靠海吃海，靠地铁吃地铁”。例如：

③求雨山下山水人文社区——群盛北江豪庭
④让你看海直到永远——海滨广场
⑤海誓山盟化为实际理想——户摩天引
⑥地铁通到家门口——彩福大厦

从广告语对物理世界的顺应角度看，这几则地产广告语很好地顺应了自己的地理位置因素，把“山”、“水”、“地铁”放到广告语中，将其楼盘自身的优势发挥到极致。这样的创作会让其潜在的业主怦然心动。

（2）对社交世界的顺应。

社交世界是指社交场合、社会环境和文化氛围等。人的社会性从根本上决定了语言使用必须符合社交世界中的交际规范和准则。在社交世界中，人们的身份、地位、情感距离等对于语言的选择都具有规定性的作用，是语言使用必须顺应的因素。一则成功的地产广告语需要将其所处的社交世界考虑其中。例如：

⑦一栋人性豪宅懂得友善它的主人——丽宝地产
⑧我们的新家是不是国王住的地方——南京某地产广告
⑨与智者为邻，闻学院书香——雨山美地

在例⑦、例⑧两则广告语中，地产商突出了对受众地位和身份的考虑。“主人”和“国王”这样的字眼凸显了未来业主的尊荣，同时间接地表达了楼盘一流的配套服务。最后一则“智者为邻，学院书香”勾勒出一幅美好和谐的画面，在这样的社区居住符合人们的生活和社交的需求，顺应了购房者在身份、地位和情感上的期盼。

（3）对受众心理的顺应。

语言顺应论（Verschueren，1999）认为，语言的选择受到说话人和听话人心理世界的影响，这其中包括个性、情感、信念、愿望、动机等因素。说话人的话语要顺应听话人的心理，同时也要顺应其心理世界中对听话人的评价。地产广告语很好地反映了这一点。为了赢得消费者，广告创作者费尽心思琢磨目标受众的心理世界，在遣词造句中顺应消费者不同类型的心理需求。本章将所收集的语料从顺应受众心理世界的角度大致分为五类：展现个性、环保节约、品质享受、个人情感、特殊动机。结果如表2－1所示：

表2－1　地产广告语顺应受众心理分类统计表

心理类别	数量	所占比例	举例
展现个性	13	8.61%	别人有的香格里拉也有，而香格里拉有的别人却不一定有
环保节约	30	19.86%	善待土地，用心造好房
品质享受	79	52.32%	醉人的海韵情怀，尊贵的欧陆风情
个人情感	13	8.61%	孩子好，才是真的好
特殊动机	16	10.60%	地铁将至，升值无限
合计	151	100%	

地产广告语对其受众心理的顺应在某种程度上是对他们不同心理需求的顺应。从统计中看出，其中“品质享受”所占比重最大，达到52.32%。这反映了在地产商对消费者心理世界的评价中，购房者很大程度上是为了提高舒适度，享受生活。此类广告语往往通过描绘尊贵、恬适的画面顺应人们对美好未来的追求。

绿色生态的理念已经深入人心，成为人们生活中作出选择的一个重要依据。收集的语料中，接近20%的广告语通过倡导环保节约为自己的楼盘做宣传。这种话语设计顺应了现代语境下人们的生态价值信念。

追求个性和满足某种特殊动机都是人们在作出选择时的典型心理。但是语料中顺应人们个性心理和特殊动机的广告语并不多，都只占10%左右。这可能主要是因为地产广告语的代言物——房子不同于一般商品，成规模的商业楼盘不可能仅仅瞄准特定群体。单纯顺应个性和满足某种特殊动机，如投资，只能满足少部分人的心理需求，这不是成功的商业运作。

广告语顺应个人情感可以很好地拉近与受众之间的距离，取得不错的语用效果。例如：

⑩孩子好，才是真的好——东晟明珠

⑪成就事业一片天，您需要更宽阔的舞台——写字楼

这类广告语把握住了受众的情感脉搏，从情感因素上做到了语用顺应。“孩子、事业和舞台”极具人性化的设计顺应了目标受众的心理世界。但同样，由于目标受众数量相对有限，不利于实现商业利益的最大化，所以所占比重并不大。

2.3.2 语言结构选择的顺应

语言结构顺应就是指语言结构和结构构成原则的选择，其内容包括：①语言、语体、语码的选择；②交际类型、语篇类型和言语行为的选择等（Verschueren，1999；何自然，2007）。地产广告语根据广告受众的语言表达习惯对语言进行选择，选取恰当的语言结构、语言风格。依据编者所收集的地产广告语分析，其具有如下三个特点：

（1）使用大量隐喻手法。例如：

⑫谢谢上帝！送我一个爱丽丝仙境花园——南草坪花园别墅
⑬时空花园，天地中央——维景园
⑭住在这里，就是住在公园里——大华·西溪风情

通过隐喻的形式把房子比作“爱丽丝仙境”、“花园”和“公园”等，言在此而意在彼。这种方法简单、优美，在提升楼盘形象的同时，给人们留下了想象的空间。

（2）就句式特点而言，大多采用对仗、对比句，或是简单陈述句。例如：

⑮观山听雨翠雅居，明月无声入梦来——翠雅居
⑯海景无限优美，居家赏心悦目——锦隆花园
⑰21 世纪智慧型海景豪宅——汇景豪苑
⑱大自然里的温馨家园——半岛苑

如上文所示，简短、整齐的句式符合汉语在广告、标语等告示语中的表达习惯。对偶句符合汉语结构的同时透着高品位的气息。简单陈述句，直陈“要害”，一语中的，让读者在极为有限的时间内阅读到商家所宣传的自身优势。这两种表达言简意赅，朗朗上口，极具表现力，很容易引起过往行人的注意，且能给人留下深刻印象。

(3) 就言语行为而言，多为间接言语行为，主要表现为阐述和承诺类行为。

笔者发现，在所收集的地产广告语中，不论通过何种句式呈现，绝大多数都是阐述类或是承诺类间接言语行为。统计结果如表2-2所示：

表2-2 地产广告语言语行为分类统计表

言语行为类别	数量	所占比例	举例
陈述	109	73.15%	悠然小镇，悠闲生活；这里的花园没有四季
承诺	32	21.48%	让您拥抱山水，真情永远
劝告	5	3.36%	经过多年努力，功成名就后，该是跟家人分享生活甜美的时刻了
邀请	3	2.01%	开门迎宾等你来
合计	149	100%	

如表2-2所示，广告语的本质目的就是要引起读者的兴趣，劝诱消费者采取行动——购买。这是开发商、广告商迫切想要实现的。而事实上，就地产广告语而言，商家都比较“含蓄”，几乎没有直接劝诱，即便是劝告和邀请这类的言语行为都很少，绝大多数是阐述类间接言语行为，像陈述自身优势、描述理想的住宅环境等。例如：

⑲大自然里的温馨家园——半岛苑
⑳纯正欧美海岸度假景观——金海滩度假别墅
㉑超前三十年的美丽家园——创世纪滨海花园

其次就是承诺类的间接言语行为。商家在广告语中向未来业主作出承诺，以此来引起注意，博得信任，从而赢得市场。例如：

㉒让你看海直到永远——海滨广场
㉓给你一个五星级的家——碧桂园

无论是阐述类还是承诺类间接言语行为，在房地产广告语中，商家都传达了他们的意图。这样的广告语在地产广告中起到了很好的效果。劝诱的同时又不失自身风度，既展现出高品质、好形象，又在某种程度上说服了消费者。

除此之外，也有极个别地产广告语采用了承诺式直接言语行为。例如：

㉔买一套别墅，送一块菜地。（南京某楼盘广告）
㉕买一套房子，送一头奶牛。（南京某楼盘广告）

这种广告语直接的同时略带调侃，相对上文几个采用间接言语行为方式的广告语少了几分“端庄”，多了几分“俏皮”。

2.4　结语

地产广告作为一种商业行为有其商业的内涵和价值，地产广告语作为社会用语的一种形式，可以从一个侧面反映我们的社会和生活。虽然地产广告语代言物单一，但是它的表现形式、背后的语言机制和语用心理却是丰富的。地产广告语的创作是在高意识程度下作出语言选择的过程，其背后蕴含着一系列的语言顺应，既包括对语境因素的顺应，也包括语言结构选择的顺应，顺应的背后是商家以及消费者的认知和语用心理。从顺应心理世界的角度看，地产广告语主要是顺应了消费者“品质享受”和“环保节约”两种心理世界；从言语行为角度看，此类广告语主要表现为陈述类和承诺类间接言语行为。这符合我国物质文明和精神文明共同发展的社会背景，从一个视角体现了现阶段社会语境下人们的语用心理。

第3章　女性产品广告语的语用心理探究

本章以女性产品广告语为研究对象，分析相关广告语对女性消费者心理需求的诉诸类型以及为诉诸女性的这些心理需求而作出的语用—语言选择。

3.1　引言

女性消费能力的增长，给商家带来无限商机，同时也给他们带来巨大的挑战。面对潜在的、挑剔的、数目众多的女性消费者，如何让她们愿意花钱、怎样让她们花钱就变成商家追逐的目标，因此，在策划自己商品的广告时，商家无不绞尽脑汁地出新样、玩创意。无论商家用何种广告，语言都是广告中举足轻重、不可或缺的一分子。因此，自从有了广告的存在，从事语言学的学者们就未曾对广告的语言失去过兴趣。

曾几何时，我们时不时地会在报纸，网络上看到“她世纪”、“她经济”等新字眼，以及针对“她经济”、“她世纪”应运而生的“她营销”策略。在当今的经济社会中，电视广告作为营销手段之一，必然不会被商家所忽视。电视商业广告是劝说性语言艺术，属于广义的交际语言，其终极目标就是推销商品，要达到这个目标必须说服受众，使他们相信按照宣传的样式去消费可以获得某种利益。笔者注意到“她经济”与“电视广告”的联姻，尝试分析语言顺应理论是如何被商家运用到女性消费品广告文案的创作之中的。

根据百度百科辞典的解释，“她经济”是教育部2007年8月公布的171个汉语新词之一。随着女性家庭、社会以及经济地位的提高，围绕着女性理财、消费而形成了特有的经济圈和经济现象。由于女性对消费的推崇，经济的推动效果很明显，所以称之为“她经济”。有关数据表明，目前中国女性的消费额是男性的七倍，女性消费已经成为市场上一个新的经济增长点，女性消费市场已然成为一个潜力极大的广阔市场，中国女性庞大的人口基数保证了这个市场的巨大容量。再者，在当代中国社会，随着女性收入的增加、地位的提高、消费规模的升级，针对女性消费的市场将呈现大幅增长。另有调查分析表明“女性消费需求直接影响国民经济的稳定和增长”、“女性消费与经济增长呈现相辅相成的关系”（蔡石柏、谢玉华、庞宏，2001. 95），这就意味着我们的经济正进入一个“她经济”时代。

在本章中，笔者的视线聚焦于女性消费品电视广告上，但这里的女性消费品和我们平常所理解的狭义的女性消费品有一定的区别。从狭义上讲，女性消费品是指以女性作为主要使用者，并以女性作为主要服务对象的消费品。本章所指的女性消费品是广义的，即与女性个体生活、家庭生活、工作生活、休闲生活相关的各种用品，皆可称之为“女性消费品”。要完全理解本章中的女性消费品，我们首先要来回顾一些数据，据国内首家专业女性消费指导机构——华坤女性消费指导中心报道：在大部分家庭（77. 3%）中，女性支配着日常消费；22. 7% 的已婚女性对买房、买车或购买其他贵重物品具有最终决定权；另外，77. 3% 的女性需要与丈夫商量后做决定，但是她们的态度在很大程度上影响着家庭的主要消费决定。网易的调查显示：在家庭消费中，女性完全掌握支配权的占 51. 6%，与家人协商做一半“主”的占 44. 5%，二者合计达 96. 1%。（裴国洪，2006. 69）另外，根据《第二期中国妇女社会地位抽样调查主要数据报告》，有 88. 7% 的女性“完全可以”或“基本可以”自己做主“购买个人的高档商品”。从以上数据可以看出，女性无论为自己或为家庭消费，消费品涉及面之广，已是我们这个社会不争的事实。因此，笔者认为有必要在开篇重新定义一下女性消费品所涉及的范围。女性消费品涉及女性生活的方方面面：美丽消费、卫生消费、休闲文化消费、餐桌消费、网络消费、家庭子女消费、银色消费；消费范畴从原有的食品、化妆品、首饰等扩展到了旅游、休闲、知识文化、商品房、汽车、奢侈品等多个领域，且有高端化和品牌化的趋势。

本章研究的语料是在网络上搜集的近些年在各个电视频道热播过的电视广告片，有些至今仍然是热播广告。笔者对这些广告的语言文字一一做了转录。因此，本章所涉及的广告文字语料皆真实可信。

3. 2　对女性消费者心理需求的诉诸类型

广告文案策划者在设计这些女性消费品广告时要尽可能地把商家产品最好的一面呈现出来，给女性顾客以美的享受、视觉的愉悦、语言选择的认同，从而引发女性消费者的心理共鸣，满足她们的某些心理需求，才能让她们心甘情愿地购买商家的产品。因此，我们看到有时一则广告是针对潜在女性消费者的某个心理需求，而有时一则广告会尽量满足潜在的女性消费者的多种心理需求。具体而言，女性的心理需求包括下列几大类：

（1）求美心理。这种心理与社会对女性的独特期盼离不开。例如：

①美到高点是每个女人的梦想。（刘嘉玲：SK－II广告）

②动人、高雅、时尚、性感，浪莎袜，怎么穿都很美，浪莎不只是吸引。（张柏芝：浪莎袜广告）

③时光如水流逝，唯有印象之美恒久不变，大印象减肥茶，留住我的美丽，减出好身材，保持更重要，大印象减肥茶。（关之琳：大印象减肥茶广告）

④女人的美是婀娜多姿的身材，是凹凸有致的曲线，过去我只满意自己的容颜，现在婷美给了我展现身材的自信，婷美内衣，独有三种塑形手段，获取需要，去除多余，塑造动感体态，美是日新月异的改变，一穿就变，婷美塑造美。（婷美内衣广告）

在例①中，广告商直言美是女性的“梦想”；在例②中，广告商不仅罗列穿上“浪莎袜”后美的具体表现（“动人”、“高雅”、“时尚”、“性感”），而且间接地回应消费者可能怀有的一种认识（即该品牌只是吸引而已），进而传达该品牌能给女性带来美。在例③中，广告商将“好身材”与“我的美丽”挂钩，映射了女性以好身材为美的审美观。在例④中，广告商凸显女性的曲线美，暗示凹凸有致的身材可以给女性自信。

（2）贤妻良母孝女的认同心理。这与女性消费者所认同的社会所赋予自己的身份或角色有关。例如：

⑤十个妈妈八个爱——孩儿面大王！（孩儿面广告）

⑥孝顺父母，桂格活灵芝最好。（桂格活灵芝广告）

⑦爱，让我选择了牵手；家，让我选择了好太太。（蒋雯丽：好太太晾衣架广告）

在例⑤中，广告商塑造了充满爱心的母亲形象；在例⑥中，广告商通过选择女性代言人定位孝顺的女儿；在例⑦中，广告商则呈现了一个真情流露的妻子形象。女性身上深深地刻着社会赋予的身份和角色，无论是作为女儿，还是妻子抑或母亲，她们都会毫无保留地爱父母，爱丈夫，爱儿女。这份爱的心理，总是让她们努力做到最好，成为好女儿、好妻子和好母亲是她们的终极目标。商家们肯定注意到女性的这种心理，因此在广告里有的放矢地利用女性的这种心理。每个女性看到这样的广告，都会联想到她们对自己的父母、丈夫和儿女的责任，并因此记住这样的广告。下列广告同样定位了女性的家庭主妇角色：

⑧新的水星，新的时代，恋一张床，爱一个家，水星家纺。（刘嘉玲：MERCURY/水星家纺广告）

⑨富安娜让家成为女人创意的舞台，原创生活艺术，富安娜艺术家纺。（富安娜家纺广告）

⑩欧派橱柜，带来全新舒适的烹饪环境，厨房从此快乐无比，有家，有爱，有欧派。欧派橱柜让厨房快乐起来。（蒋雯丽：欧派橱柜广告）

以上这些广告中的语言，都顺应了女人爱家、恋家的中国传统家庭文化。例⑧、例⑨、例⑩都运用了模糊性的形容词与家作了联想：如例⑧中，形容词“新的”让人拥有了这样的联想——在新的时代，家也要有新意，因此，家的主人应该用新的水星家纺装扮自己的家；在例⑨中，“创意的”这个形容词让女性消费者有了这样的联想——家的主人可以把家当作艺术的舞台来装扮从而尽显自己的艺术品位，而富安娜艺术家纺可以满足这样的联想；在例⑩中，形容词“舒适的”、“快乐的”则能充分让人对家产生向往。

（3）好奇与从众心理。相对于男性而言，女性在消费方面似乎比男性更容易被新奇的事物所吸引，也比男性更容易受到别人的影响。例如：

⑪IRIS会呼吸的沙发（松软、透气）。（袁咏仪：爱依瑞斯沙发广告）

⑫雅芳新活透白，现在你猜我几岁？（雅芳护肤品广告）

⑬……肌肤明亮动人，就像由内透出光彩，就是这种白皙，让我与众不同。你呢，开始用了吗？（李嘉欣：巴黎欧莱雅雪颜双重精纯护理液广告）

⑭（广告旁白：全车系零利率，一定要你心动）蔡依林：我心动了，那你呢？（TOYOTA广告）

在例⑪中，广告商将IRIS描述成一种“会呼吸的沙发”，容易让女性产生好奇感，并驻足观看甚至试购；在例⑫中，广告商让女性消费者猜女性代言人的年龄，赢得她们的参与；在例⑬和例⑭中，广告商都让女性代言人询问消费者，刺激对方的从众心理，达到让她们做出同样消费行为的目的。

（4）追求经济实惠、方便快捷的心理。这与女性是家庭生活的“主妇”息息相关。在物品丰富与节奏迅速的现代生活中，女性在商场或超市购物时更追求经济实惠和方便快捷的产品是十分自然的。例如：

⑮定义潮流生活，9月刊送ELLE手提袋。（世界时装文艺杂志广告）

⑯谁说出国必须存够钱，现在办信托现金卡，卡卡相送旅行箱，天天赠送香港双人游，中国信托现金卡。（信托现金卡广告）

⑰减肥快，花钱少，减肥还是9块9好，9块9减肥茶，排油减肥瘦得快，买三赠一，更实在，减肥就要9块9。（9块9减肥茶广告）

⑱欧洲史上最有型，颜色酷炫，狠角色，省油无敌，省到爆，EURO STAR，欧盟小巨星。（SHE：EURO STAR汽车广告）

⑲女性独白：我最重视投资报酬率，做任何事情都要求又快又好，就像这台雾重力洗衣机，快干王，快速风干，抗菌18克拉镜面，洗得快，更洗得好，我的好衣服都可以自己洗，让我轻松迎接多彩多姿的生活，三菱雾重力快干王洗衣机。（三菱雾重力快干王洗衣机广告）

⑳即洗即穿，海尔洗衣机。（海尔洗衣机广告）

以上广告中画线部分是商家不遗余力地利用了女性追求便宜的心理，以及在现代化快节奏的生活中追求方便快捷的心理。因此，为了顺应女性的这一心理需求，商家们从不放过宣传他们的产品，利用一切机会从产品的属性及其价格去满足女性消费者的这种心理。

（5）追求情趣、情调的心理。这种心理与女性的性情有关。女性天性浪漫、多情，对生活充满了幻想和憧憬。例如：

㉑惠普笔记本，我所珍爱的都在里面，我女儿们的录影，最流行的资讯，从世界各地发给我的，人们有趣的生活，我在Google上搜索到的，当然惠普笔记本还珍藏我所有的设计，那些有针线编织的完美时刻，我是……国际著名婚纱设计师，惠普笔记本。（惠普笔记本广告）

㉒常常，一处精心的装点，就能为家平添亮点，似乎对于生活情趣的理解，我们执着的是同一个信念，生活点睛品，博洋家纺。（赵雅芝：博洋家纺广告）

㉓身为女人，是一种幸福，一束玫瑰，一杯咖啡，一本好书，就能放松得好久好久，一盘沙拉，一件新衣，一首歌，就能够快乐好久好久，一双鞋，女人永远少一双鞋，喜欢自己，表现到底。（刘若英：达芙妮女鞋广告）

以上这些广告独白，都是知名女性代言的广告，电视屏幕上她们将对某种东西的爱美丽优雅、温柔动听地娓娓道来，那种描述往往包含着女人对美好事物或生活方式的向往。这样的独白能让感性的女人深受感动。其结果可想而知，女人会把这种想象力变为执行力，那么，笑得最开怀的当然是商家了。

（6）追求时尚、个性化的心理。现代女性由于社会的多元化、人们思想的多维性、生活的快节奏，往往追求时尚、个性化的心理。例如：

㉔纤巧时尚走红中，创所未想，VAIO。（索尼笔记本 VAIO T 系列广告）

㉕MOTOROLA，C359，风格我独有。（许慧欣：摩托罗拉手机广告）

㉖身为公众人物，肌肤要时刻白皙无瑕，巴黎欧莱雅雪颜双重精纯护理液它与众不同，融合了两种精华，让肌肤加倍白皙，肌肤明亮动人，就像由内透出光彩，就是这种白皙，让我与众不同。（李嘉欣：巴黎欧莱雅雪颜双重精纯护理液广告）

在例㉔中，广告商将 VAIO 索尼笔记本与时尚联系在一起，对喜爱时尚的女性来说很有吸引力；在例㉕、例㉖中，广告商都突出了相关产品能让消费者“与众不同”，充满个性，这样的宣传对那些有个性的女性来说具有难以抵挡的诱惑力。

上述关于广告商诉诸女性心理需求的讨论并非是穷尽的，但已经足够显示出广告商在促销过程中所实施的社会心理策略。所谓“心动”才会“行动”。广告商从“心”入手，巧妙地拨动女性消费者的心弦，从而可以达到良好的推销效果。

3.3　诉诸女性心理需求的语言选择

在面对诸如此类的女性消费心理时，商业广告文案的策划者们精心地去选择顺应女性这些心理需求的语言，以提升广告的吸引力。下面，我们简要分析一下与女性心理诉求相关的语用—语言策略。

3.3.1　语言层面的选择

（1）模糊词语的使用。

首先，在众多女性消费品的电视广告中，处处都离不开“模糊词语”的使用。广告文案策划者们有意识地选择诸多模糊词语，既突出了自己产品的优越性，又掩饰了精确语言描述无法掩饰的产品的缺点。在用模糊语言描述商品时，他们期待能启发潜在女性消费者的想象，引起她们的兴趣，以激起她们心理的共鸣，满足她们内心的一些需求。

其一，模糊形容词。一些形容词之所以通常被视为模糊词语，是因为它们表达的概念的外延总是模糊的（贡灵敏、蒋跃，2007）。例如：

㉗肌肤就像白嫩嫩的杏仁豆腐。（郑秀文：SK－II广告）

㉘美丽需要充分营养，我要让肌肤白皙、年轻、有弹性，我还要（美素生物科技，根据24种不同肌肤研制）想怎么美就怎么美——美素。（温碧霞：美素护肤品广告）

㉙动人，高雅，时尚，性感，浪莎袜，怎么穿都很美，浪莎不只是吸引。（张柏芝：浪莎袜广告）

以上各则广告例子中，那些画线部分无不是针对女性想要美丽、时尚、年轻、健康以及个性化的心理而选择使用的形容词，以激起她们无限的想象，延伸她们对年轻、美丽、时尚、健康以及个性化的向往，从而使她们由潜在的顾客变成真正的消费者。

其二，某些模糊动词也能达到同样的目的。例如：

㉚让肌肤更年轻，到底可以多简单，抚平，拉紧，再固定，就这么简单，（含净半瓶精华的新生弹力面膜，特有拉升伏贴设计，让皱纹减淡或拉紧，仿佛在肌肤更年轻的状态时加大固定，抚平，拉紧，再固定），年轻仿佛就这样定格了。OLAY REGENERIST，新生弹力面膜。（张曼玉：OLAY广告）

㉛惠普电脑，掌控个性世界。

㉜我的眼角没有一丝鱼尾纹，因为弹力蛋白100分。弹，弹，弹，弹走鱼尾纹。（袁咏仪：MARUBI 丸美眼霜广告）

㉝轻薄娱乐，现我风采。（华硕笔记本W5轻薄专家系列广告）

㉞女人懂得如何控制，如何表达，如何张扬，跨越三个世纪的经典，老凤祥，全球珠宝一百强。（老凤祥珠宝广告）

以上几则广告中的动词虽没有精确的概念，却能在女性消费者的心里激发起无限的认知域的联想，从而使她们联想相关的行为或变化过程，满足了她们追求美丽、年轻、时尚的心理。

也有些模糊性动词会勾起女性的好奇心理，例如：

㉟粉碎你对传统小车的看法，小车的新巨星，EURO STAR，全新上市。（EURO STAR 汽车广告）

这里，动词“粉碎”后接“看法”这一抽象的名词为宾语，与其接实物的一般用法不同，带有隐喻色彩，具有很强的形象性，会让女性首先想起一般小车的感觉，然后联想这个车与传统小车可能存在的差别，如宽敞、时尚、精致、豪华等，因此，在一连串的联想后，好奇心也会促使她们一睹究竟的。

（2）使用情感和意愿动词。

女性消费品的商业广告文案策划者们大量使用情感和意愿动词，并且这些动词往往都和第一、第二人称连用，巧妙地利用了女性比男性更感性的心理和从众的心理。例如：

㊱你担心眼周围的肌肤，我不担心，自从我用了巴黎欧莱雅复颜眼霜，我喜欢我看到的。（紧致肌肤，减少皱纹）年轻肌肤从眼睛开始，试一下这个吧，你值得拥有。（巩俐：巴黎欧莱雅眼霜广告）

㊲飞起来，飞起来；炫，炫，炫，炫起来；超级优雅，我喜欢。（李宇春：神州笔记本电脑优雅系列广告）

㊳女人是水做的，而我是金银变的，就像易美手机，灵感之意，灵动之美，易美系列手机，我喜欢。（周迅：熊猫牌易美手机系列广告）

㊴美丽需要充分营养，我要让肌肤白皙、年轻、有弹性，我还要（美素生物科技，根据24种不同肌肤研制）想怎么美就怎么美——美素。（温碧霞：美素护肤品广告）

㊵懂得爱惜自己的女人，更会注重内在的调理，白云山牌乌鸡白凤丸，补气养血，调经止带，内外兼修，当然光彩照人。（白云山牌乌鸡白凤丸广告）

以上广告中的画线部分看上去都是知名女性广告形象代言人表达的心声，通过她们的口，说出这些词语，会在女性消费者的心里留下深刻的印象，让其有所触动。购物时，她们会优先考虑这些给她们留下深刻印象的广告所宣传的产品，她们内心会有这样的认同：既然某某明星也用这种产品，还认为很不错，那说明这个产品真的不错。所以说，这些广告选择诸如此类的词语符合了女性的从众心理和渴望与那些明星们一样得到认可的心理。

（3）使用问句。

女性消费品广告中经常使用问句的形式。这样的表达除了勾起女性的好奇心外，更多的是想让她们跟随，因此，选择问句这种语言形式也是利用了女性的从众心理。例如：

㊶……肌肤明亮动人，就像由内透出光彩，就是这种白皙，让我与众不同。你呢，开始用了吗？（李嘉欣：巴黎欧莱雅雪颜双重精纯护理液广告）

㊷（广告旁白：全车系零利率，一定要你心动）蔡依林：我心动了，那你呢？（蔡依林：TOYOTA 广告）

㊸有梦想就有可能，TCL 电脑，你的梦想呢？（张靓颖：TCL 笔记本广告）

㊹谁说出国必须存够钱？现在办信托现金卡，卡卡相送旅行箱，天天赠送香港双人游，中国信托现金卡。（信托现金卡广告）

㊺（广告旁白：今年有什么新希望？）女性独白：想出国散散心，得好好计划理财了，现在就找汇丰银行。（汇丰银行广告）

㊻雅芳新活透白，现在你猜我几岁？（雅芳护肤品广告）

以上广告中的文句，都展示了问句在广告中的魅力，女性的好奇和从众心理得到了很大的满足。

（4）使用语码转换。

广告商有时会使用中英文混杂的形式做广告。在中国，会讲英语有时被看作是一种时尚，就像一些节目主持人会在主持节目的过程中穿插使用几个英语单词一样。广告也不例外：

㊼MOTO 音乐手机：光影幻境，音乐动情，HELLO，MOTO。（周迅：摩托罗拉音乐手机广告）

㊽迷你的Cool，迷你的Q，迷你的炫，I Love 迷你，我爱迷你。（TCL Q520 迷你手机广告）

显然，上述广告中英文的使用能够在一定程度上满足女性追求时尚的心理。

（5）使用委婉语。

针对女性含蓄、羞涩的特点，一些面向女性的产品广告会使用委婉语来间接传达广告信息。例如：

㊾就是那个来，我也不担心，想怎么躺就怎么躺。全新升级的超安心夜用，夜晚超安心，醒来好放心。（苏菲超安心夜用卫生棉广告）

㊿做女人挺好。（三源美乳霜广告）

51这几天，我跟我的床有约会，别找我去开会。女人月当月快乐。（护舒宝广告）

在以上这几则广告中，商家们充分利用了指代模糊（“那个”）、双关（“挺”）、谐音（“月”）等方法，既吸引了女性眼球，又达到了劝说的目的。

3.3.2　语用层面的选择

（1）使用人称指示语（“我”、“你”）。

使用人称指示语是广告个人化的一个重要特征（陈新仁，2013）。通过使用第一人称及第二人称指示语，广告商可以达到“介入”的效果，“现身”于当前交际，与消费者进行虚拟对话，增加交际的真实感和现场感。例如：

52当我闪亮，我不再是万分之一，水润光环，让我感受万里挑一，潘婷丝质顺滑系列，含水润配方，深层滋养，锁水，点亮水润光芒——耀目新潘婷丝质顺滑系列，闪出健康之彩，水润光芒，更见无懈的美。（大 S：潘婷洗发水广告）

53紧张的工作之余，看杂志是我最好的放松方式，琳琅满目的杂志中，我选择天下情。天下情杂志，情满天下。（《天下情》杂志广告）

54我形我塑，美丽无拘无束。我穿曼黛玛琏，光鲜亮丽。（曼黛玛琏内衣广告）

55诱惑你自己，波导女人星。（波导女人星手机广告）

在上述广告中，广告商借助产品代言人，与潜在消费者进行对话，讲述自己使用相关产品的感受，让对方产生心理移情，激发女性消费者对特定感受、情趣、心情的向往。

（2）实施个人性指令类行为。

与使用人称指示语一样，实施个人性指令类行为同样可以让广告商达到“介入”的目的（陈新仁，2013）。例如：

56美丽就是做加法，加一点，加一点，漂亮就不止一点点，你也为自

己的美白加点水感吧。(范冰冰：全新玉兰油美白营养水广告)

在上例中，广告商通过代言人范冰冰，像建议自己的朋友一样建议消费者使用全新玉兰油美白营养水。

(3) 使用会话含意。

广告商有时不直接明说自己的意图，而是通过间接方式来传递。例如：

㊺唇膏，怎样才更好？颜色要饱满漂亮，雅芳色彩全效唇膏，四种功效，智慧锁定，四重美丽，创造美唇奇迹，雅芳，比女人还了解女人！(雅芳唇膏广告)

㊻每次一小包，调出女人好状态。女人的问题女人办。(汇仁牌乌鸡白凤丸广告)

在例㊺中，广告商故意公开违犯合作原则中的质准则（因为“雅芳”是一种产品，不可能“比女人还了解女人”，是一种表面看来不真实的信息)，传达了该产品的生产者熟知女性需要的会话含意。在例㊻中，“女人的问题女人办”与广告的前部分似乎不连贯，广告商故意违犯了相关准则，其含意是：女人可以不依赖男性来使自己变得更美。这样的信息可以迎合一些女性的独立想法。

(4) 使用预设。

另一种常见的手段是通过预设来把握女性的心理。例如：

㊼时光如水流逝，唯有印象之美恒久不变，大印象减肥茶，留住我的美丽，减出好身材，保持更重要，大印象减肥茶。(关之琳：大印象减肥茶广告)

㊽别担心，娇生婴儿温和洗发沐浴露，含革命性不流泪配方，连眼睛都不刺激的温和，更能呵护肌肤，就能从头洗到脚了。(娇生婴儿新温和洗发沐浴露广告)

㊾动人，高雅，时尚，性感，浪莎袜，怎么穿都很美，浪莎不只是吸引。(张柏芝：浪莎袜广告)

在例㊼中，广告商通过状态变化类预设触发语“留住”，传递了“消费者原本美丽”的隐含信息；通过“减出”，传达了“消费者原本没有好身材”（甚至包括“消费者希望有好身材”）的隐含信息；在例㊽中，广告商通过否定词“别”，传递了消费者可能存在的担心（沐浴露刺激眼睛）；在例⑥①中，广告商通过否定词“不只是”，传递了“拥有浪莎袜不仅能展现性感身姿，更能获得舒适、典雅等美好感受”的隐含信息。上述广告巧妙地使用预设机制，间接迎合女性消费者的各种心理需求，具有很好的沟通效果。

（5）使用叙述体。

与前面讨论过的使用人称指示语和实施个人性言语行为一样，使用叙述语体发布广告信息同样可以提升广告商的“介入”效果。例如：

㊷我现在在更年期，你们一定吓一跳吧（因为她/这个代言人看上去比较年轻），其实女人一到四十，月经开始变少，身体又胡乱发胖，这个时候就要好好地宝贝自己哦，现在我用“桂格幸福养身素”代替牛奶，它含更年期所需的天然植物雌激素，蜂王乳，维生素C，维生素E和钙，给我完整的营养，有了桂格幸福养身素，更年期的女人好幸福哦。（桂格幸福养身素）

㊸小时候，我老爱偷穿妈妈的高跟鞋，妈妈送了一双红色的小公主鞋给我，我爱死它了，每天看着它，一直可以发呆好久好久哦，女人跟鞋子的关系真的很微妙，一双鞋加一双鞋，于是女孩就要变成女人了，我是女人，美丽的女人，昨日女孩，今日女人。（刘若英：达芙妮女鞋广告）

在上述二例中，产品代言人通过形象生动的故事讲述，将产品的使用效果娓娓道来，无疑能打动女性消费者，让她们产生同感，进而做出购买行为。

（6）使用对话体。

与叙述体不同，对话体通过贴近日常生活会话的方式让消费者身临其境，达到人同此理、心同此声的效果。例如：

㊹女儿：自从妈妈生病，全家都乱了，除了把妈妈交给医生，做子女的还能做什么呢。

妈妈：幸亏你给我喝桂格活灵芝。

女儿：灵芝很温和，有特殊多糖体，妈妈从手术后开始喝，健康总算保住了。

妈妈：你就是舍得花钱给我喝最好的。

女儿：钱怎么比得上失而复得的健康呢。

上面的广告利用了对话类的广告语篇，通过对话，展现女儿对母亲的爱。任何有孝心的女儿看到这样的对话情景，都会忍不住以对话中的女儿为榜样，为自己的母亲购买同样的保健产品。

3.4 结语

在“她经济”时代，商家精心编制的女性消费品广告既体现了商家力促销售的求利心理，也折射出当前女性群体的消费心理与社会认同，值得在社会语用学视野下开展相关研究。本章从社会心理语用学视角研究了女性消费品电视广告中的语用心理策略，指出相关广告主要顺应了潜在的女性消费者的心理需求，具体包括：追求美丽的心理，追求年轻的心理，追求时尚的心理，追求个性化的心理，追求爱与被爱的心理，追求快捷方便、便宜的心理，好奇的心理，从众的心理，成为贤妻、良母、孝女的心理等。

为了把握并利用女性消费者的上述心理，广告商在其广告语篇中会刻意使用相应的语用—语言策略。在语言层面上，他们会选择使用模糊词语、情感与意愿动词、问句、委婉语、语码转换等方式；在语用层面上，他们会选择使用人称指示语、实施个人性言语行为、传达会话含意、使用语用预设、使用叙述体和对话体等。

根据语言顺应理论（Verschueren，1999），不管语言使用者出于何种目的，他在其可选的语言范围内总是动态地、有意识地选择了某种语言结构或语言成分，并且最大限度地顺应了交际过程中的语言使用者和语言解读者所处的物理世界、社交世界和心理世界及其语言环境。相应地，商业广告的文案策划者们为了在“她经济”时代中追求最大利润，就必须让他们的广告语言选择最大限度地顺应女性消费者的心智、社交、物理世界等诸多交际语境。本章聚焦于广告商对女性消费者心理世界的顺应，为我们更好地欣赏广告提供了新途径，同时也验证了语言顺应理论的广泛应用价值及其强大的解释力。

第4章　广告用语的认知建构与心理机制

本章借鉴认知语言学的研究成果，探讨广告用语阅读中背景知识的激活和参与，以“五星级的航班”、“闲妻良母”为案例，详细剖解广告用语的认知建构与心理定位。同时，聚焦于广告用语中出现的语码转换现象，从意义生成模式角度探析广告效果产生的机制，从而加深对广告语中语码转换现象的理解。

4.1　引言

当代认知语言学研究为文本和话语分析提供了一个新的视角。研究者从对文本本身的关注，转移到分析交际双方心智对话语的动态处理。随着框架理论（Fillmore，1982、1985）、隐喻理论（Lakoff，1987；Lakoff & Johnson，1999、2003）、关联理论（Sperber & Wilson，1995）的发展和应用，话语处理“背后”的过程逐渐被挖掘和展现出来。在阅读中，文本本身所提供的信息只是心智处理对象的冰山一角。在理解中大量的信息来源于长期记忆所包含的各种框架知识表征。文本输入会将这些背景知识选择性地激活，语言的心理机制需要将输入和激活的知识表征进行有机整合，从而产生对于输入文本的理解。

因此，如何利用读者已有的知识表征“操纵”其对于输入的理解，也逐渐成为文本和话语分析的研究热点。当前对于心智处理的案例分析主要集中于政治领域①。本章以商业广告为例，重点分析广告的设计者如何巧妙地利用看似简单的语言，激活受众心智中的背景知识，使之与广告进行整合，从而激发消费者购买产品的欲望。作为一种语用策略，这种手段虽然降低了广告本身的信息量，但由于激活了丰富的背景知识，通过整合反而会生成大量的浮现意义，有利于广告的宣传。同时，通过背景知识的激

① 参见 Lakoff（2003、2004、2006a、2006b）对于政治领域的文本和话语分析，与 Pinker（2006）对于 Lakoff（2006a）的反驳，以及 Lakoff（2006c）对该反驳的回应。

活和整合进行宣传，可以避免将广告信息直接强加给受众所引起的反感。广告的设计者利用受众已有的框架背景知识，让受众自己在心智中对广告整合处理，得出有利于产品的结论，从而达到更好的宣传效果，也使得广告更易于理解和接受。本章将首先介绍关于框架知识和概念整合的理论背景，然后重点分析两个广告，阐述其中的语用策略。

4.2 阅读中背景知识的激活和参与

根据当代认知语言学的研究成果，交际理解是信息输入与长期记忆中的背景知识进行互动的产物。关联理论特别强调，背景知识不是给定的，输入会激活记忆中相关的背景知识，通过与背景知识的互动，形成对于输入的最终理解（Sperber & Wilson，1995. 138）。所以，作者在创作中的遣词造句，不仅会起到输入信息的作用，还会激活读者相关的背景知识。这些背景知识会与文本输入在心智中整合，形成对于文本的理解，甚至进入读者的永久记忆，成为下一次理解的背景知识。所以，作者选择什么样的语言激活读者记忆中的背景知识，对于文本的理解关系重大。

在社会用语的各个领域，我们经常可以看到一个简单的词语能激活大量背景知识参与理解，使得表达的内容非常丰富。尤其是在广告中，呈现在读者面前的文本往往是简单的叙述，但是激活的背景知识带有强烈的主观倾向和丰富的引申意义。

那么，文本输入在读者大脑中激活的是什么样的背景知识呢？框架理论（Fillmore，1982、1985）在一定程度上给出了答案。心智中对于知识的表征是以事件框架为基础的。对于任何单词的理解都需要在一定的框架中进行（例如，对于“货币”的理解必须建立在商品交易的框架中，对于“裁判”的理解必须建立在体育比赛的框架中）。Lakoff 在其一系列著作中批判了“框架无用论”的观点，如我们常说的 facts speak for themselves（Lakoff，2006b. 10），他认为对于任何事实的理解，都必须在框架中进行，离开了框架，根本没有所谓的事实。

“人们需要框架——即关于整个世界的固有的心智结构——去理解事实。框架存在于我们的大脑中，决定了我们对于世界的认知。我们的思维和交际都需要激活框架，所以，激活什么样的框架关系重大。即便是真理，也需要在合适的框架中阐释才能成为真理。事实需要语境。”（Lakoff，2006b. 10）

所以，广告中的遣词造句，也会激活读者心智中的框架知识，成为理解输入的背景信息。这个时候心智处理就面临着多个输入。一部分输入来自于广告本身，另一部分则源于激活的框架知识。两部分输入需要进行整合（integration），产生浮现意义（emergent meaning），形成对于文本的最终理解（Fauconnier & Turner，1998，2000）。

我们以 Mars 的一则广告为例：A Mars a day keeps you work，rest and play. 对于以英语为母语的受众来说，马上就会激活两则谚语：An apple a day keeps the doctors away 和 All work and no play make Jack a dull boy。受众记忆中的这两则谚语被激活后，就会自动和广告内容进行整合。我们以第一则谚语为例，由于句法结构的一致，a Mars 和 an apple 会对应整合，an apple 在 an apple a day keeps the doctors away 中得到的是正面解读，其正面意义会传递到和它对应的 a Mars 中。更重要的是，an apple 在谚语的框架信息中，还包含了能让人保持健康的特质，这个特质和 Mars 的广告语也非常契合：Mars 也正是由于包含同样的特质，使人可以轻松工作、享受生活。通过激活受众记忆中的框架知识，广告的设计者让受众通过对应整合找到产品的特质，比直接对产品加以描述（如 Mars can keep you healthy）要有效得多。

因此，对于一个看似简单的表达的理解，其背后往往包含了复杂的整合操作。下面，我们拟以两则广告为例，进一步说明框架知识和概念整合在心智对语言处理中的重要作用以及其中的语用策略，最后运用图形—背景理论分析广告中的语码转换及其带来的交际效果。

4.3 “五星级的航班”、“闲妻良母”的认知建构和心理定位

“五星级的航班”是某国际航空公司的广告词。“五星级”一般形容的是宾馆，用在航班上，提示我们在理解中需要整合。整合的一个概念空间是五星级宾馆的框架知识，另一个概念空间则是航班的框架知识。

值得注意的是，“五星级的航班”关键词是“航班”，两个空间的整合特征需要体现“航班”的特征。这也就需要我们在理解中对宾馆的框架知识有所选择，不是其中所有的特征都可以通过映射进入整合概念中。实际上，关于宾馆的很多关键特征在整合的时候都被舍弃了，如宾馆的房间、大堂、前台等。而在另一方面，也不是所有关于航班的框架特征都可以在宾馆的空间中找到对应的元素，如航班的起降时间、飞机的型号等。这也

充分体现了对应整合的选择性，反映了心智处理语言表达的自主和灵活。

在两个空间中，存在很多能够对应整合的元素。当然，看到该广告的第一印象是航班能提供顶级的设施和服务。产生这个印象的原因是将“五星级宾馆”框架知识中最凸显的尺度概念投射到了航班的知识空间中。宾馆的星级是一个尺度，而五星级在尺度上占据最高的位置，投射后，航班也被赋予了最高档的特征。有趣的是，由于存在尺度的投射，对于航班框架知识中那些无法在宾馆空间中找到对应的元素（如经济舱、头等舱），也能根据尺度得到“最高档”的解读，如最高档的经济舱、最高档的头等舱等。

关于尺度的投射是两个空间中所有投射的共同特征，即所有投射的一种抽象。除此以外，两个空间的框架知识中还存在很多具体的投射，包括活动的对应投射，如用餐、娱乐、睡眠等，也包括设施的对应，更包含人的对应，如飞机上的空姐和宾馆的服务人员。相对而言，人们对于宾馆的熟悉程度要高于飞机（尤其对于广告瞄准的人群），其框架知识中的元素更容易被激活。广告利用熟悉的框架知识（五星级宾馆）描述人们不太熟悉的概念，充分体现了隐喻投射的作用①。更重要的是，宾馆有星级评定，体现服务、设施等各方面的水平和层级。航班却没有这么广为人知的等级评定。该广告巧妙地借用了评定宾馆的尺度来体现航班的水平。

“闲妻良母”是一则洗衣机广告，在激活洗衣机框架知识的同时，“闲妻良母”也必然激活了成语“贤妻良母”包含的家庭生活的框架知识。其中，“妻子”和“母亲”被凸显，家庭中其他成员被背景化。这是因为“妻子”和“母亲”都是关系性概念（relational concept），预设了“丈夫”和“儿女”的概念以背景化的方式存在（Baker & Dowty，1993；Langacker，1991）。从认知语法的角度看，“妻子”是概念中的显影（profile），“丈夫”则是基础（base），两者的关系与框架知识具有一致性（Croft，2009. 10）。所以，相对于“妻子”，“丈夫”也存在于框架中，同理，相对于“母亲”，“儿女”也以背景化的方式存在于框架知识中。“丈夫”和“儿女”在框架中的存在非常重要。广告受众中很多人的身份是“丈夫”或“儿女”。当他们将自己的家庭和“贤妻良母”的框架知识进行整合时，必须要能找到在框架中所对应的身份。

除了人物外，框架中还包含其他重要的信息，最重要的是关于“贤妻良母”的百科知识，如擅长家务，将“丈夫”和“儿女”照顾得很好等。

① 如果将广告换成非隐喻的“一流的航班”或“最好的航班”，对于不太熟悉航班的人来说，则失去了建立具体映射的机会，使得广告过于抽象。

关于人物的百科信息，都会和另一个输入空间——“洗衣机”的框架知识——进行整合。在整合中，关于“妻子”和“母亲”的赞许则被转移到了“洗衣机”上，使得受众得出结论：“洗衣机”能够扮演“贤妻良母”的角色。

通过这种方式来描述洗衣机，有两个重要的优点。第一是间接而有效地赞美了产品的功能。关于“洗衣机”的正面评价，是受众对自己的框架知识进行整合操作的结果。这个操作是自动且无意识的，得出的结论也更容易被自己所接受。第二，大多数受众对于如何评价一个洗衣机的好坏（如特定的技术标准）并没有相关的知识，但关于“贤妻良母”的百科知识却都有切身的体验。与关于洗衣机的百科知识相比，“贤妻良母”的体验更加直接、具体和丰富。用“贤妻良母”的框架知识来描写“洗衣机”，符合我们用直接的体验来理解抽象事物的认知习惯。

除了“贤妻良母”和“洗衣机”两个框架知识的整合外，为了达到广告的目的，还需要受众将广告所激活的框架知识和自己的生活体验进行对应整合。对于观看这个广告的“丈夫”和“儿女”来说，他们想到的是“贤妻”和“良母”带给他们的舒适生活，并将此信息和广告中的“洗衣机”对应整合，对于“贤妻”和“良母”的期待则转移到了“洗衣机”上，从而产生购买的冲动。

广告的设计者之所以将“贤妻”改为“闲妻”，则是考虑到了“贤妻良母”激活了关于女性社会地位的框架知识。“贤妻良母”作为一种传统观念，强调女性的家庭地位，并不一定为所有人所接受。但将“贤”改为“闲”后，巧妙地传递了洗衣机将“贤妻”变为“闲妻”的信息。作为“妻子”的受众如果对于“贤妻”的角色不满意的话，可以和“闲妻”进行对应整合，得出“有了洗衣机，能使我闲下来”的结论，同样有利于产品的广告宣传。对于作为“丈夫”的受众而言，如果“洗衣机”能够使“贤妻”变为“闲妻”，又何乐而不为呢？

4.4 语码转换广告效果产生的机制

语码转换（code-switching）最早由语言学家 Uriel Weinreich（1953）提出，指的是语言接触中出现的一种语言现象，语言使用者在一个短语、一个句子、一个对话，甚至一个语篇中轮换使用两种或多种语码。自这一术语提出以来，语码转换现象一直受到西方语言学家们的重视（Vogt，1954；Haugen，1956；Ferguson，1959；Fishman，1967；Gumperz，1969；

Blom & Gumperz, 1972; Jacobson, 1977; Grosjean, 1982; Gumperz, 1982; Auer, 1988; Bentahila & Davies, 1992、1995、1998; Myers-Scotton, 1993a、1993b; Romaine, 1995; Halmari, 1997; Rampton, 1998; McClure, 2000; Androutsopoulos, 2007; Davies & Bentahila, 2008)。随着改革开放的日益深入，我国越来越多的人在学习和使用外语，尤其是英语。英汉语码转换不仅经常出现在人们的日常交际中，而且也越来越多地出现在广告语中。作为一种新的广告语言形式，语码转换已经受到我国语言研究者的关注。黄国文（2001）从语言结构的角度描述了广告语篇中语码转换的类型，并利用新格赖斯理论分析了广告语篇中语码转换的意向含意。这为广告语中语码转换的深入研究提供了有益的启示。但广告语中的语码转换是一个非常复杂的语言现象，涉及的因素很多，包括认知因素和语用因素。这就需要一个更具概括力和解释力的理论作为分析框架。本章尝试采用认知语言学的“图形—背景”理论对广告语中的语码进行分类，并在关联理论的框架下从语码转换的生成与理解两个不同视角对广告语中的语码转换进行探讨，旨在为广告语中的语码转换现象提供一个更加全面和系统的阐释。

4.4.1 广告中的语码类别

语码转换在广告语中虽然以多种形式出现，但通常符合人们的认知规律。为了更加清楚地认识广告语中语码转换的形式，在认知语言学“图形—背景”理论的基础上，结合 Myers - Scotton（1993a, 1993b）提出的“基础语框架”模式（Matrix Language Frame Model）①，我们提出“背景语框架”模式（the Ground Language Frame Model）。

“图形—背景”理论（Figure - Ground Theory）是由丹麦心理学家 E. Rubin（1915）首先提出来的，后得到完形心理学家证明。E. Rubin 用“脸/花瓶幻觉图”做实验对图形和背景进行了区分。一般而言，较大的图形被人感知为“背景（Ground）”，较小的图形被人感知为“图形（Figure）”。图形出现在背景之上而依赖于背景；背景起着框架作用而决定了图形。图形和背景之间是一种主次关系，图形因背景的衬托而处于主要地位，背景为衬托图形而处于次要地位。通常情况下，图形有形状，而背景没有；图形因处于背景之前离观察者近，而背景因处于图形之后离观察者远；图形和背景的反差越大，图形就更加凸显，给观察者留下的印象也就

① 1993 年，Myers - Scotton 提出了“基础语框架”模式（Matrix Language Frame Model），把广告语中的语码分为基础语码（matrix language）和嵌入语码（embedded language）。

更加深刻。

根据“图形—背景”理论，知觉场可分为图形和背景两个部分。当我们观察周围环境中某个物体时，通常会把这个物体作为知觉上凸显的图形，而把周围环境作为背景。图形是被观察者的知觉分化出来的轮廓分明、细节清晰的部分，而背景是未被观察者的知觉分化的轮廓模糊、细节缺乏的部分。这就是认知上的凸显原则。在日常生活中，人们总是会把一个物体作为认知参照点去观察另一个物体，这里作为认知参照点的物体就是背景，而另一个物体就是图形。可以说，图形与背景的感知是人类体验的直接结果。

因为“图形—背景”理论具有很强的语言解释力，认知语言学家 L. Talmy（1978）将其从完形心理学领域引进到认知语言学领域。图形和背景是处于同一认知框架内两个不同的实体（entity）。图形是移动的实体或者在概念上具有移动性的实体，没有固定的位置，移动的方向、路径也属于变量；而背景是一个起参照作用的实体，拥有固定的位置。在静态的背景衬托下，动态的图形得到了凸显。

图形的确定应遵循“普雷格朗茨原则”（the principle of Pragnanz）：通常情况下，具有完形特征的物体、小的物体或者运动的物体用作图形。我们认为，该原则可以应用于语码转换形式研究。例如：

①打字太累，长途太贵，SKYPE 最实惠。

以上广告语含有英汉两种语码，英语语码“SKYPE”相对较短，嵌入在汉语语码中间，加之全部用大写英语字母呈现，很容易引起受众的注意，属于图形语码；而汉语语码“打字太累，长途太贵，……最实惠”相对较长，中间夹含着英语语码，使 SKYPE 从汉语语码中凸显出来，属于背景语码。

②Happy 牛 Year!

例②是蒙牛集团在 2009 年（农历牛年）春节期间推出的一句广告语，同样存在两种语码。但与例①不同的是，在这则广告中，汉语语码“牛”相对较短，嵌入在英语语码中间，属于图形语码；而英语语码“Happy ... Year!”相对较长，为图形语码的凸显提供了框架，属于背景语码。

我们发现，为了吸引受众的注意力，广告商采取的策略之一就是在广告语中进行语码转换，把其中一种语码用作图形，使之在受众的知觉中凸显出来，而把另外一种语码用作背景，以利于图形在受众知觉中的凸显。我们把这个从形式上区分不同语码的模式称作“背景语框架”模式。

广告语中的语码转换之所以会取得较为理想的广告效果，其主要原因之一是广告语中图形语码和背景语码之间的意义互动。一般而言，广告语中的背景语码决定整个广告语的框架，图形语码嵌入在背景语码形成的框架中而成为焦点。在不同的语码转换过程中，广告语中的图形语码以不同的方式生成意义，一般可以分为两种模式：单向意义生成模式和双向意义生成模式。

4.4.2 图形语码的单向意义生成模式

在广告语的语码转换中，背景语码会出现意义空缺，而图形语码则起着意义补缺作用。在有些语码转换中，图形语码只生成一种意义，生成的意义被用来填补广告语中背景语码的意义空缺。我们把这种从图形语码指向背景语码的意义补缺模式称作图形语码的单向意义生成模式（见图4－1）。例如：

③国庆车展：年度最 High 车宴。（《新安晚报》2009 年 9 月 16 日）

在理解例③时，广告受众借助认知语境中的背景知识先获得 High 在图形语码中的意义——“高级的”，然后将其填补到背景语码“国庆车展：年度最……车宴”的意义空缺中。这样，一方面，整个广告语意义得到完整表达；另一方面，图形语码的意义在整个广告语意义中得到凸显。

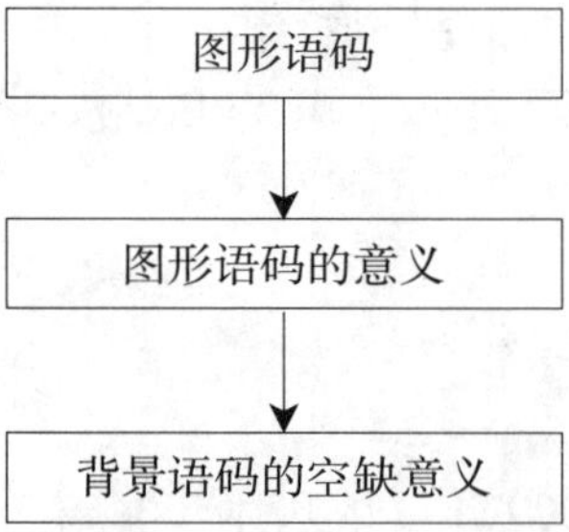

图 4－1　图形语码的单向意义生成模式

4.4.3　图形语码的双向意义生成模式

在广告语的语码转换中，背景语码有时会出现语音和意义的双重空缺，而图形语码则起着语音和意义的双重补缺作用。在这种情况下，图形语码生成的语音填补到背景语码的语音空缺中，然后按照背景语码中的空缺语音生成背景语码中的空缺意义。同时，图形语码保留其在图形语码中的意义。这样，图形语码就生成了双重意义：背景语码的空缺意义和图形语码的意义。这两种意义相互作用，使广告语产生一系列的弱暗含（weak implicatures）（Sperber & Wilson，1995．222），从而取得突出的广告效果。我们把这种图形语码的意义生成模式称为图形语码的双向意义生成模式（见图 4－2）。

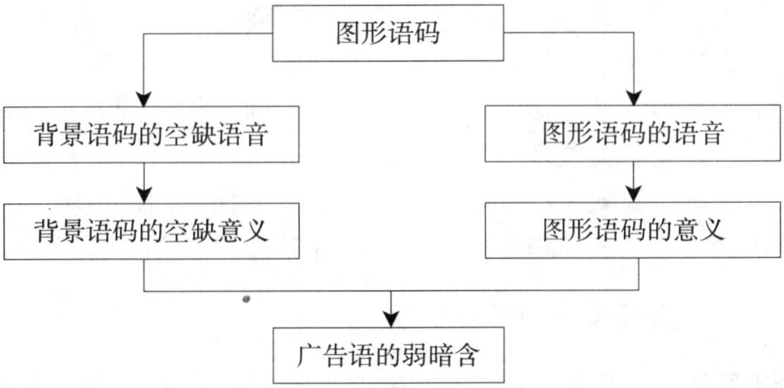

图 4－2　图形语码的双向意义生成模式

在广告语“Happy 牛 Year!”中，一方面，图形语码“牛”填补了背景语码中的语音空缺“new”，并生成了“new”相应的意义，使背景语码表达的意义“Happy New Year”保持完整；另一方面，“牛”保留其图形语码的意义。于是，图形语码“牛”就在背景和图形两种语码中生成了双重意义。这样，“Happy 牛 Year!”就不仅仅是一句新年祝福语，而是变成了一句具有良好广告效果的广告语。再如：

④拜年，拜年，大 BUY 年！

在例④中，一方面，图形语码“BUY”不仅填补了背景语码中的语音空缺“拜”，而且生成了其相应的意义，使背景语码表达的意义“拜年，拜年，大拜年”保持完整；另一方面，“BUY”保留其图形语码的意义

“购买”。这样，图形语码“BUY”就在背景和图形语码中生成了双重意义。这两种意义与广告受众的认知语境相互作用，广告受众以最小的认知努力产生了足够的认知效果，达到了最佳关联性，取得了良好的广告效果。

很明显，与图形语码的单向意义生成模式相比，图形语码的双向意义生成模式能够产生更为丰富的意义，传递更多的广告信息，因而取得更好的广告效果。这样，广告商也就更容易达到他们的广告目的。

4.5 广告语中语码转换的生成与理解

由于广告语是广告商通过各种传播媒体和招贴形式向广告受众介绍商品和服务等内容的一种宣传用语，广告语涉及两方：广告商和广告受众。同样地，广告语中的语码转换也涉及广告商和广告受众，这也就意味着广告语中的语码转换问题包括生成与理解两个方面。作为既关心交际又关注认知的语用学理论，关联理论（Sperber & Wilson，1995）对涉及生成与理解的广告语语码转换问题具有很强的解释力。下面我们运用关联理论对广告语中语码转换的生成和理解两个方面进行探讨。

4.5.1 广告语中语码转换的生成

根据关联理论，广告语中语码转换的生成是一个明示交际行为。明示（ostension）是关联论交际观中的一个核心概念。Sperber & Wilson（1995. 49）将其定义为“把显示某事的意图显示出来的行为”。根据最佳关联准则，说话人一定会把所要强调的部分通过某种手段明示出来，吸引听话人的注意，以实现他的主观意图。在关联论中，意图被看成是说话人的一种心理状态，意图的内容在说话人的大脑中一定会得到表征。也就是说，说话人会把他意欲使听话人明白或者更加明白的一组设想在大脑中表征出来。明示交际行为旨在实现两个意图：

第一，信息意图（informative intention）：“让听话人明白或者更加明白一系列的设想。”（Sperber & Wilson，1995. 58）换句话说，信息意图就是提供交际信息的意图，它让听话人获得一系列的语境假设。信息意图的实现是说话人的真正目的。

第二，交际意图（communicative intention）：“使听话人和说话人相互明白说话人有某个信息意图。”（Sperber & Wilson，1995. 61）换言之，交际意图就是让听话人明白说话人有一个传递信息意图的意图。交际意图是实现信息意图的前提，不能领会说话人的交际意图，就无法获得其信息意图。

例②中的广告语“Happy 牛 Year!”是蒙牛乳业集团股份有限公司在2009年（中国农历牛年）春节期间推出的一句广告语，其中的语码转换是广告商向受众作出的一个明示行为。广告商通过语码转换生成一个具有标记性的新年问候语“Happy 牛 Year!”，代替无标记性的新年问候语“Happy New Year!”，以吸引受众的注意力，意欲向受众传递广告商的交际意图，也就是让受众明白广告商意欲传递某个特定信息意图，即相关广告信息。

“Happy 牛 Year!”这则广告不仅传递了在2009年中国的农历牛年来临之际蒙牛乳业集团股份有限公司向受众致以新年问候，而且让受众从“牛”这个语码联想到蒙牛乳业集团股份有限公司生产的牛奶。这样，这则广告就通过激发受众的相关联想产生了一系列的弱暗含，取得了良好的广告效果。

广告商设计的广告语通常不会非常直白，而是较为含蓄，因为广告商相信受众具有足够的认知能力，能够从含蓄的广告语中推理出其隐含的意义。广告语隐含的信息越多，说明广告商相信他们与受众之间的相互理解程度越高。当然，如果广告商过高地估计他们与受众之间相互理解的程度，那么他们设计的广告就很难甚至可能不被受众理解。即使广告商的估计与受众的认知能力之间的匹配只是出现较小的差距，广告语也很难达到广告商预计的广告效果。所以，广告商要对他们与受众之间的相互理解程度作出正确的评估。当然，至关重要的是，广告商必须选择恰当的语言形式来传递广告信息。

其实，广告商的信息意图并不直接改变受众的想法，而是改变受众的认知环境①，从而取得一定的认知效果。由于受众的认知环境受他们的物理环境和认知能力的影响，因此广告商在设计制作广告时必须充分考虑受众的物理环境（主要是时间和空间因素）和认知能力。在例②中，广告语“Happy 牛 Year!”的语码转换充分考虑到了2009年（中国农历牛年）春节这个时间因素和中国市场这个空间因素，同时考虑到了大多受众具备理解和接受“Happy 牛 Year!”这则广告语中语码的认知能力，因而取得了很好的广告效果。如果广告受众的物理环境变了，如广告时间改在2008年

---

① 一个人的认知环境指的是对他显映（manifest）的一组事实或者假设，包括他能觉察到的或者推理出来的事实和假设。一个人总的认知环境与他的物理环境和他的认知能力密切相关，不仅指他意识到的事实，而且指他能够意识到的事实。

春节或者广告地点改在美国，这则广告就不会产生同样的效果。当然，如果不考虑广告受众的认知能力，广告商在超越大多受众认知能力的情况下，在广告语中进行语码转换，也不会达到很好的广告效果。

可见，广告语的语码转换是广告商向广告受众实施的一种明示交际行为，旨在实现其交际意图和信息意图。要实现这样的信息意图，广告商在广告语语码转换的设计过程中要充分考虑广告受众的认知环境和认知能力。

4.5.2 广告语中语码转换的理解

根据关联论，广告语中语码转换的理解是一个推理交际行为。广告受众对广告语中语码转换的理解过程，实际上是一个寻找最佳关联假设的推理过程。在关联论中，关联性被看成是输入到认知过程中的话语等内容的特性（Wilson，2001. 6），可以根据语境效果和加工处理所付出的努力两个概念加以解释。

语境效果是新信息在旧信息的语境化①过程中产生的。Sperber & Wilson（1995. 117）认为，语境化可能产生三种语境效果：

①新信息进一步提供旧信息的证据，从而加强语境中的一些假设；

②新信息与旧信息相矛盾，从而从语境中消除一些假设；

③新信息与旧信息相互作用，获得语境隐含②。

我们还以例②来说明语境效果。对于广告受众来说，蒙牛乳业集团股份有限公司在中国农历牛年来临之际推出的广告语“Happy 牛 Year!”提供了一则新信息，这则新信息与广告受众认知语境中的旧信息“Happy New Year!”相互作用，广告受众就会作出推理获得如下的明说（explicature），并在此基础上推理获得这则广告的一系列弱暗含（weak implicatures）：

明　说：蒙牛乳业集团股份有限公司祝您牛年快乐！

弱暗含：①蒙牛乳业集团股份有限公司为您提供优质牛奶。

②如果购买与饮用蒙牛乳业集团股份有限公司生产的牛奶，您将度过一个快乐的牛年。

③蒙牛的奶牛是快乐的奶牛，好牛产好奶。

④请在牛年购买与饮用蒙牛乳业集团股份有限公司的牛奶！

……

---

① 基于新信息和旧信息的结合而进行的演绎推理被称作新信息在旧信息中的语境化。

② 语境隐含是根据新信息和旧信息一起推导出来的结论，而不是单靠新信息或者单靠旧信息推导出来的结果。

以上的弱暗含是广告受众根据自己的认知语境依靠新信息“Happy 牛 Year”和旧信息“Happy New Year”的相互作用推导出来的。如果仅仅依靠旧信息或者仅仅依靠新信息，都无法获得这些弱暗含。

再如，例④中的“拜年，拜年，大 BUY 年!”是 2009 年春节期间一些大商场推出的广告语。由于图形语码“BUY”嵌入在背景语码“拜年，拜年，大……年”中，这句广告语向广告受众提供了一则新信息。广告受众依靠这则新信息与认知语境中的旧信息“拜年，拜年，大拜年”的相互作用，进行语用推理，获得如下的弱暗含：

①春节期间应该给亲戚朋友拜年。

②拜年应该带上礼品。

③当您拜年时，请在本商场多买些礼品。

④过年期间，商场有活动，是购买商品的好时机。

……

广告受众理解广告语的主要目标是寻求满足最佳关联期待的解释。在广告语的理解过程中，受众首先还原广告语编码的句子意义，然后结合认知语境对句子意义进行充实，最后获得广告语的隐含意义。例如：

⑤GE 带来美好生活。

在理解例⑤时，受众要经历指称确定、意义充实和语用推理等阶段。首先，受众要确定 GE 的指称。根据广告的背景信息，GE 是 General Electric 的缩写，指的是通用电子。然后，受众还要对广告语进行意义充实，这样就得到一个指称明确、意义完整的命题，也就是明说（explicature）。在此基础上，广告受众结合认知语境对“明说”进行语用推理，得出广告语的隐含前提和隐含结论：

明　　说：通用电器会给购买者带来美好生活。

隐含前提：人们需要美好生活。

隐含结论：如果想要过上美好生活，那就购买通用电子产品吧。

从以上分析可以看出，广告受众对广告语中语码转换的理解过程实际上是广告受众遵循理解程序对广告语中的语码所实施的推理过程。经过一系列的语用推理，广告受众从语码转换中获得最佳关联假设。

4.6 结语

对于任何社会用语的分析，除了考虑文字自身所提供的信息外，还需要找出文字能够激活的框架知识。相对于文字本身提供的信息，激活的框架信息是隐性的，往往为人所忽略。但另一方面，这些信息来源于受众自己的记忆，往往更加丰富、直观和具体，在理解中扮演更重要的角色。

本章分析了以商业广告为代表的社会用语的心智处理方式。社会用语会激活认知主体记忆中的框架知识，然后在心智中进行对应整合。广告能否达到宣传的效果，往往不取决于话语本身，而是取决于话语能激活什么样的知识框架。背景知识在整合时给看似简单的广告赋予了丰富的内涵，帮助广告达到了宣传的目的。

在涉及语码转换的广告语中，两种语码从认知的角度可以分为图形语码和背景语码。图形语码在背景语码的衬托下在广告受众的知觉场中得到凸显，而背景语码则为广告受众提供知觉场的认知框架。图形语码具有单向和双向两种意义生成模式。在单向意义生成模式下，图形语码只生成一种意义，生成的意义用来填补背景语码的意义空缺；在双向意义生成模式下，图形语码一方面按照背景语码的空缺语音生成背景语码相应的空缺意义，另一方面保留图形语码的意义。这两种意义相互作用，使广告语产生一系列的弱暗含，为广告受众提供更加丰富的意义和更多的信息，广告效果尤为突出。从生成的角度看，广告语中的语码转换是一种明示交际行为，旨在实现广告商的信息意图和交际意图；从理解的角度看，广告语中的语码转换则是一种推理交际行为，广告受众依据最佳关联假设寻求合理解释，直到关联期待得到满足。

第三部分

商业性命名用语的社会心理探究

本部分考察的是商业性命名用语背后的社会心理诉求，涉及医药产品的命名、城市楼盘的命名、企业品牌的命名。研究表明，这些商业性命名往往把握、利用社会公众的社会心理，或者契合中国语境下的某些社会心理特征，因而超越了一般意义上的命名实践，而带有宣传促销的潜在功能。

第5章 医药产品命名的社会心理驱动

本章关注医药产品的命名问题，从社会心理角度，解释相关产品命名背后的语言顺应性和人际顺应性，后者又具体体现为对物理因素、社交因素和心理因素等语境制约的顺应。

5.1 引言

Jef Verschueren 根据达尔文进化认识论思想，结合人类语言交际的实际情况，于 1987 年在其著作 *Pragmatics as A Theory of Linguistic Adaptation* 中首次提出 Adaptation Theory，并于 1999 年在其新著 *Understanding Pragmatics* 中进一步完善。近年来，这一语用学理论引起国内外语用学者的关注和兴趣。国内何自然、何兆熊（2000）、钱冠连（2000）、谢少万（2003）等学者分别从语用和功能角度对顺应理论作了论述。以往许多学者运用顺应理论研究文学作品、商标的翻译和语码转换使用的策略，药品命名鲜有人问津。本章结合顺应理论，从顺应产品、顺应文化、顺应消费者以及顺应读音四个方面来探讨医药产品的命名。

5.2 医药产品命名的顺应性解读

在灵活多变的语用策略当中，如要进行医药产品的命名，须经历选择的商讨阶段。如前所述，商讨过程的不确定性和动态性不仅受语言环境的制约，而且受非语言环境的影响。Verschueren 认为交际语境属于非语言语境，它包括语言使用者双方的物理世界、社交世界和心理世界。话语的发出者和理解者是语言使用的焦点，物理、社会和心理世界中的语境成分都要靠语言使用者的认知活动来激活，从而发挥语言的交际功能（林有苗，2007. 35）。换言之，医药产品的命名必须顺应或“激活”医药厂家（即话语的发出者）和顾客（即话语的解释者）双方的物理世界、社交世界和心理世界。

5.2.1　医药产品命名的语言顺应性

对于一些从国外引进的药物，国内大多会采用顺应其读音的方法来为其命名，这样也方便消费者识解并记忆。如主要疗效为缓解头痛的 Fenbid，其中文名即为芬必得，中文读音与英文名极其相似，这就是顺应了读音的结果。还有如主要疗效为缓解感冒症状的 Contac，其对应的中文名为康泰克，二者之间也是极为相似。当然，有些国内药物销往海外时也会考虑顺应读音来命其英文名，有时甚至自造出一些新的词汇。如主要疗效为止痛止血的飞龙，其英文名为 Pharon，这就是顺应了读音来命名的，同时，Pharon 在英文中并不存在，这是商家为了顺应读音的需要根据英文的规律（phar - 来自 pharmaceutical，- on 则是药品商标的常用后缀）自造出来的，也方便消费者记忆。

5.2.2　医药产品命名的人际顺应性

医药产品命名的人际顺应性主要体现在三个方面：对物理因素制约的顺应；对社交因素制约的顺应；对心理因素制约的顺应。

（一）对物理因素制约下的人际顺应性

1. 对医药产品属性的顺应

一个好的品牌名称，首先要立足于其所代表的产品。产品是其名称的主要来源。在中国，许多医药产品就是顺应其产品本身来命名的。产品自身包含许多内容，有主要成分、治疗范围、疗效、产品外观等。在命名时，医药厂家需要商讨究竟以哪种内容作为其最终名称。在药店里，见得最多的药品就是某某素某某胶囊，这些都是以产品的主要成分来命名的。而往往这些药品都是大众所熟知的，以传统药物为主。如山东鲁抗医药公司生产的乙酰螺旋霉素片就是顺应了其主要成分螺旋霉素来命名的。众所周知，螺旋霉素科适用于治疗扁桃体发炎、咽炎等症状，所以在命名时无须再额外考虑别的名称，只需顺应产品的主要成分即可，消费者自然会熟记其名称并在日后购买同类产品时优先选择该产品。此类以产品主要成分命名的药物还有很多，如青霉素、黄连素等。

又如神威藿香正气软胶囊的命名。藿香正气是传统中医药的经典老方，功能相当广泛，但是，不同地区的消费者对藿香的认知有着明显的差异，如华南地区对藿香的功能认知偏向肠胃不适和中暑，东北地区偏向解酒和中暑，北京周边则偏向热感冒和中暑，这是大众使用藿香正气的经验积累。各地区的消费者对藿香正气功能的认知都存在一定盲区和偏颇，但整体来看，消费者对藿香正气功能的认识是主治中暑、肠胃不适、夏季感冒。因此，商家在命名时就无须再额外花费大量时间金钱去思考其他更加响亮或引人注意的药品名，只需顺应产品的主要成分——藿香正气即可，消费者看到药物名称——藿香正气，自然就知晓其主要疗效，并成为其忠实消费者。

2. 对消费者属性的顺应

并不是所有医药产品都适用于同一群体甚至是所有人，有些只适用于少儿，有些只适合中老年人，还有些只有女性可以服用，而女性中又有孕妇与非孕妇之别。因此，这就需要医药产品在命名时充分考虑其所适用的人群，充分顺应消费者属性来命名。如益佰制药的少儿止咳糖浆就是顺应消费者属性来命名的：通过添加“少儿”二字，锁定其适用人群，限制了非少儿人群的使用。又如主要疗效为改善贫血、促进泌乳的太太血乐口服液也同样是顺应了消费者属性来命名的：通过添加“太太”二字，表明该产品只适用于已婚妇女，其他人等一概不适合。这样顺应消费者属性的命名法有效减轻了消费者的负担，无须在一大堆同类型药品中犹豫。就此，笔者曾随机采访了两位购买快克感冒药的顾客，当问其是否清楚并了解大快克与小快克之分时，答案是显然的，他们还声称绝对不会给自己的小孩服用大快克。由此可见，医药厂商顺应消费者属性所做的命名是达到了效果的。

（二）对社交因素制约下的人际顺应性

1. 对产品主要功能的顺应

药品的通用名总体来说都比较生僻，致使消费者难以理解其究竟是干什么的。此时，药品的名称就起到了关键性的作用。倘若商家能创造出一个名称，使其足够通俗化，易于被消费者理解并记忆，那其药物定能在同类商品中脱颖而出。因此，市面上出现了很多顺应产品主要功效而命名的药物，而且这些药物往往更容易被消费者熟记，相比于同类产品，也更受欢迎。

先以国产药物为例，如哈尔滨制药六厂的泻立停，其药物通用名为颠茄磺苄啶片。倘若商家以此命名，消费者仅仅是读这六个大字就感觉颇为困难，更不用说了解其功效进而熟记其名称了。然而，哈尔滨制药六厂极其聪明地采用了泻立停作为其药物名称，该药主治因敏感致病菌引起的胃肠炎等，简称治疗腹泻，而泻立停三字就有着腹泻立刻停止的意思。这样命名使得消费者仅仅根据名称就能了解药物的主要功能，并且由于名称通俗易懂，消费者也能长久地熟记并购买它，为哈尔滨制药六厂带来了长久的收益。这就是哈尔滨制药六厂在命名药物时顺应了其主要功能所带来的益处。当然，还有很多国产药物的命名也是顺应了产品的主要功能，如治疗感冒的感康，意味着感冒迅速康复，治疗胃病的三九胃泰和胃必治分别意味着胃太平和胃病一定能治好。

再以西方药物为例。Bratoban，它是一种外用抗生素软膏，是家用常备药品。在国内由于没有与之相对应的名称，所以我们就需要给它命名。如果是单纯地顺应其读音而音译为布诺哑瘢，那就毫无意义。这种名称不仅会给消费者带来困扰，而且也传达不出该药物的质量和功效。这就导致消费者不可能会有想要购买的欲望。然而，当命名为“百多帮”时，它顺应了产品的疗效，意味着该药物疗效广泛，能帮助治疗许多疾病，而且，音也近似于 Bratoban。当消费者看到这样一个名称时，就会联想到其广泛的功能，进而选择它。类似地，Bricasol，一种治疗哮喘的气雾剂，当它进入国内时，给它起名不能直接简单地音译，而应该顺应其主要功能——治疗哮喘来命名。因此，当它在国内被很有创意地命名为“喘康速”时，消费者轻易就记住了其主要疗效，因为“喘康速”意味着治疗哮喘恢复健康很迅速。当然，像这种顺应药物功能来命名的西方产品也是有很多的，如德国的 Legalon——利肝灵（对治疗肝病很灵验），Ronstar——农思它（农民很想念它，证明该药品与农作物有关）。

2. 对社会文化的顺应

在当代消费行为研究中，社会文化对消费行为的影响最受关注。在日常生活中，人们会逐渐形成自己特有的价值观、自己所认同的行为准则。但是从整体来看，必然存在一个主流文化，这个主流文化对消费者产生的影响是最基础性的。医药产品的命名同样也受到文化因素的制约，所以，在命名时需要顺应该产品销售国家的文化。如我国一家健康食品公司生产了一种新型软饮料，取名为“圣母”，意味着这种饮料像乳汁一样甘甜，同时，“母”也能使消费者联想到母爱。这种顺应了我国文化的命名当然使该饮料大受好评，销量节节攀升。后来，该公司想把“圣母”远销海外，为该饮料取了英文名 Madonna。然而，Madonna 在天主教文化中是对圣母玛利亚的尊称。可想而知，带有这种名称的产品在信奉天主教的国家中是不被允许销售的。这也严重影响了该公司的声誉。因此，在给医药产品命名时，我们需要顺应其所属的文化，尤其对于销往全球的医药产品来说，顺应文化更是为其命名所应该首要考虑的，以使产品更易被不同文化的消费者所接受，从而给公司带来更好的经济效益。

（三）对心理因素制约下的人际顺应性

医药产品在命名时需要顺应消费者的心理，这样消费者在面对同类商品时心里定会优先考虑其产品。如我国生产的轻身减肥片，对于有着减肥热潮的美国来说，销路应该会很好。但事实恰恰相反，其在美国的销路并不理想。究其原因，轻身减肥片在取英文名时没有考虑到顺应消费者的心理，英文名 Obesity-reducing Tablets 中的 Obesity 违反了美国消费者的心理：当消费者看到 obesity 时就会联想到肥胖或一些不好的事物，联想到购买该药品的人就是极为肥胖或是超重的人，他们自然不会考虑购买该药品。因此，当将其改成 Slimming Pills 时就顺应了消费者的心理，从而给该药品带来了良好的收益。

5.3 医药产品命名的顺应性解读的数据分析

笔者共收集了 80 种常用药品和 80 种常用肠胃药品，经过统计发现：13 种常用药和 12 种肠胃药顺应药品属性，43 种常用药和 58 种肠胃药顺应药品功能，3 种常用药和 2 种肠胃药顺应消费者属性，13 种常用药和 15 种肠胃药顺应消费者心理。（由于所收集的肠胃药均为中药，西成药并未摘录，故此处对读音以及对社会文化的顺应情况不作统计）由此我们可得出表 5 - 1：

表 5 - 1　医药产品命名的顺应性解读

	药品属性	药品功能	消费者属性	消费者心理
常用药	13/16%	43/54%	3/4%	13/16%
肠胃药	12/15%	58/73%	2/3%	15/19%

如表 5 - 1 所示，我们不难发现在常用药品中，仍有 10% 的药品未被分类，如严迪，我们无法将其归为任一类别中；而在肠胃药中，我们可以发现有少部分药品名称既顺应了消费者心理又顺应了药品功能，如速效止泻胶囊，也有些既顺应了药品功能又顺应了消费者属性，如宝宝乐。此外，我们也不难发现，在常用药与肠胃药的命名过程中，绝大多数商家都普遍采用顺应药品功能和消费者心理的策略。因此，我们也可推断，在其他种类药品的命名中，大多数商家也可能采取同种策略，这也为将来新药品的命名起到了借鉴作用。

5.4 结语

综上所述，为了使消费者长时间识解并记忆自己的药品，从而获得最大利益，医药产品在命名时需要顺应语言（读音），顺应物理世界（产品属性和消费者属性）、社交世界（产品功能和社会文化）以及消费者的心理世界。经统计发现，绝大多数医药厂家会采取顺应药品功能和消费者心理的策略来对药品进行命名。只有充分顺应了这些因素，医药生产厂家才能在激烈的药品竞争中占有一席之地，增强药品的竞争力；才能紧紧抓住消费者，使其最大限度地忠于自己的商品，从而立于不败之地。本章的局限之处在于，收集的药品种类及数目过少，据此得出的数据不够全面；未收集西药，无法对顺应文化及顺应读音的策略进行数据分析。

附录1：常用药品名

太极“急支糖浆”	泻立停	利肝灵	双黄连口服液
汇仁肾宝	西藏诺迪康	轻身减肥片	速效伤风胶囊
康必得	太太血乐	圣母	夏桑菊冲剂
潘高寿	三精葡萄糖酸钙	乙酰螺旋霉素片	日夜百服咛
北京降压0号	芦荟排毒胶囊	青霉素	力克舒
颈痛灵	神威藿香正气软胶囊	黄连素	感冒冲剂
腰痛宁	少儿止咳糖浆	飞龙	感冒清片
金嗓子喉宝	仲景六味地黄丸	诺迪康	泰诺感冒片
百消丹	斯达舒	排毒养颜片	银得菲
法国保心健素	三九胃泰	清热通淋丸	维C银翘片
感康	胃必治	利脑心片	敌杀死
亮甲	胆宁片	颈康胶囊	带尔眠
“新盖中盖”高钙片	西安杨森	黄龙咳喘片	百多帮
达克宁	中美史克	复方杏香兔耳风片	喘康速
泰诺	扶他林	咳特灵胶囊	农思它
康泰克	泰诺林	宝咳宁颗粒	护彤
开瑞坦	百服宁	止咳枇杷颗粒	丹王颗粒
洛赛克	芬必得	严迪	朴欣
吗丁啉	善存片	板蓝根	朴雪
欣百达	白加黑	感冒通	

附录 2：常见肠胃药品名

排毒养颜片	胃灵颗粒	黄藤素软胶囊	胃必治
左金片	千喜胶囊	降脂减肥片	葵花胃康灵
胃尔康片	地锦草片	黄藤素片	丽珠得乐
胃尔宁片	肝胃气痛片	香果健消胶囊	胃仙 U
健胃止疼五味胶囊	猴头菌片	溃疡灵胶囊	复方田七胃痛胶囊
清热散结片	香连胶囊	十五味黑药胶囊	殷氏温胃舒胶囊
正胃片	苦参片	吗丁啉	润肠丸
雪山胃宝胶囊	黄连上清片	三九胃泰	速效止泻胶囊
三黄片	麻仁滋脾丸	健胃消食片	炎痢净片
香连胶囊	牛黄清胃丸	斯达舒	溃疡灵胶囊
导赤丸	通舒口爽片	胃康灵胶囊	清火片
排毒清脂片	炎可宁片	肠炎宁胶囊	宝宝乐
一捻金	安胃片	胃乐新胶囊	胃复胶囊
止痢宁片	炎立消胶囊	通便灵胶囊	温胃舒胶囊
肠胃舒胶囊	痔康胶囊	胃立康片	痔速宁片
枫蓼肠胃康分散片	安胃胶囊	小儿消食开胃颗粒	九龙胃药胶囊
化痔灵片	炎立消片	复方仙鹤草肠炎片	开胸顺气丸
秋泻灵合剂	快胃舒肝丸	胃炎康胶囊	暖胃舒乐片
潞党参口服液	清肺抑火丸		

第6章　城市楼盘命名的社会心理考察

本章依次以语言顺应论和语言模因论为指导，探析当代中国语境下楼盘命名背后的社会心理取向和影响，揭示楼盘命名如何体现对消费者心理世界的顺应以及相应的语言结构顺应，从楼盘命名的历史变化看心理顺应的变化，以"挪威森林"楼盘名为案例，透析洋模因在中国社会中的传播与影响。

6.1　引言

随着我国城市房地产市场竞争的日趋激烈，各种营销手段层出不穷，知识产权、市场形象的重要性日益凸显。楼盘作为房地产的标识，日益被开发商、置业者所重视。可以说，楼盘命名已经成为房地产营销不可或缺的利器，其作用也是其他营销手段所无法取代的。一个极具亲和力、给人以审美愉悦的楼盘名称，可强化置业者的第一印象，虽然未必起决定性的作用，但富有内涵的楼名至少可以吸引目标客户对楼盘本身的关注，引发现场看房的欲望，甚至在最后签约的过程中，起到一种潜移默化的作用。

目前关于楼盘名称的语言学研究成果并不多。在为数不多的研究中，《商业楼宇命名的文化透视》（刘凤玲，2000）以广州商住楼盘为研究对象，论述了楼盘名称所体现的汉民族民俗文化心理；《杭州楼盘名称的语言文化分析》（吕津，2004）从语言文化的角度对楼盘的通名和专名进行了分析；《楼盘命名的社会语言学分析》（谭汝为，2004）从社会语言学的角度对楼盘命名的语言运用技巧进行考察和对照；《楼盘洋化的消极影响》（郑献芹，2006）主要探讨了楼盘洋化名称的消极影响；《广州新建住宅楼盘名称命名分析》（贾益民、张雪芹，2006）对广州住宅楼盘名称的通名和专名的音节、音律、选词、语义等进行了分析和评论。上述文章有的只关注楼盘命名的语言现象，有的虽然涉及影响楼盘命名的社会文化因素，但过于注重语言层面上的问题，缺乏系统的语言学理论探究。

笔者认为，楼盘命名作为一种营销手段，是一种语用行为，其目的在于诱导目标客户购买其产品。这是一种具有明显功利性的行为，功利性的行为往往需要策略去争取。因此，可以认为，楼盘命名一般具有策略性。研究楼盘命名可以揭示楼名策划者的语用心理，洞察楼名背后的诱导机制。本章以 Verschueren 的顺应论为理论框架，通过对南京主流媒体所公布的300个楼盘名称的调查分析，探讨楼盘命名中的语言顺应现象，以便了解楼盘名称策划者的语用策略。

6.2 顺应在楼盘命名中的体现

为了了解楼盘命名的顺应情况，笔者于2006年12月从南京房地产门户网站公布的楼盘（住宅区及大型住宅区中的分区）中随机选取300个楼盘，作为研究对象。

6.2.1 楼盘名称的构成

根据民政部《地名管理实施细则》的明确要求，标准地名由“通名和专名两部分组成”，楼盘名称经常采用这一做法。举例来说，“江宁花苑”，江宁是专名，而“花苑”为通名。专名类似人名中的名，通名相当于姓氏（《金陵晚报》，2006年12月13日）。然而，不是所有的楼盘名称都如此。例如，“麒麟山庄”中，“山庄”是通名，但“麒麟”并不是专名。

6.2.2 楼盘命名对心理世界的顺应

楼盘命名就像给人起名字，虽然尽可由策划人员依据楼盘的地理位置、周边环境、楼盘特色、总体规划、风格品位、历史脉络、风土人情等自由创意发挥，其中最重要的因素是目标群体客户。楼盘名称要起到筛分客户的作用，因此命名要与目标群体客户相符，如以贵族帝王、欧美名胜命名的楼盘多为面向高收入阶层的公寓或别墅；带有福寿吉祥、温馨亲切字眼的楼盘多为平民化住宅或经济适用房；以山水风光命名的楼盘多为面对收入中上等阶层的高尚住宅；以庭台楼阁命名的楼盘面向文化层次较高的置业者；楼名个性前卫的面对的潜在客户为白领阶层或新新人类。

按照语言顺应理论，语境包括交际语境、语言上下文等。其中，交际语境又包括物理世界、社交世界和心理世界。心理世界涉及意图、情感、价值观念、信仰、兴趣爱好等。我们认为，为了吸引目标客户群，楼盘的命名策划者一般会对目标客户群情感、信念、意图以及影响他们的社会文化因素做充分的考量，力求楼盘名称顺应目标客户的心理，诱发其购买欲。我们从心理顺应的角度对随机选取的300个楼盘的名称进行了筛选分类：

（1）财富尊贵式。

楼盘名称中含有“帝”、“皇”、“王”、“世家”、“御”、“龙”、“豪”等字眼。财富是社会地位和实力的象征，此类楼名契合身份显贵、家境殷实的社会群体，意图彰显其身份价值的心理，如“金陵王府”、“皇册家园”、“帝豪花园”、“京隆名爵府”、“凤凰和鸣”等。

（2）异域风情式。

此类楼盘多以极具欧美风情的名称来提升楼盘的文化品位，旨在让未来业主足不出户便可领略异国风情，满足他们对异域风情的向往，又可让海归者的“海归情结”在此诠释演绎，如“枫丹白露”、“阿尔卡迪亚”、“伦敦城”、“挪威森林”、“剑桥国际”等。

（3）福寿吉祥式。

此类楼盘建筑风格简约，承载国人希望多福厚禄、吉祥如意、吉庆有余、长生不老和彰显富贵的传统心理，如“吉庆家园”、“三金福邸”、“天元及第”、“如月康城”等。

（4）自然风光式。

此类命名多以富有诗情画意的山水字眼，勾勒出迷人的田园风光，让人遐想无限，满足生活在喧嚣都市中的人们回归自然、返璞归真的愿望，又与居住者潜意识中的风水思想相吻合，如“东城水岸”、“山水风华”、“明湖山庄”、“水韵别墅”、“钟山美庐”等。营造诗情画意的居家环境，构筑可居可游的世外桃源，对大多数渴望返璞归真、向往宁静的置业者有强烈的心理暗示作用。

（5）庭台楼阁式。

此类楼盘建筑风格古朴典雅，紧扣部分国人的传统审美情趣。楼盘名称中含有“庭”、“台”、“阁”、“轩”、“居”、“庄”、“（花）园”、“第”、“邸”、“坊”、“庐”、“堡”、“楼”、“峰”、“院”等字眼，如“文思苑”、“银杏居”、“瞻园铭楼”、“东景花园”等。

（6）时尚前卫式。

此类楼名紧跟流行与时尚，极尽个性张扬之能事，有的直接以数字和英语单词命名，切合追求新奇与个性的年轻购房者的心理，如“城市先锋”、“未来城”、“领域”、“五米空间”等。

当然，有些楼盘名称可能涉及多重心理的顺应。例如，“雅典花园”集合了第一和第五两种心理顺应。

表6-1 南京楼盘命名类型与顺应心理

命名类型	数目	占楼盘总数百分比	顺应心理
财富尊贵	31	10.3%	彰显地位
异域风情	34	11.3%	向往异域
福寿吉祥	38	12.7%	福禄吉祥
自然风光	26	8.7%	回归自然
庭台楼阁	164	54.7%	审美情趣
时尚前卫	30	10%	追求个性

从表6-1可见，南京楼盘中以庭、台、楼、阁等古典建筑名称命名的比例最高（54.7%），也许是因为南京作为六朝都会，文化底蕴深厚，此类命名渲染传统文化氛围，体现了南京居民的审美情趣。然而，仍有近一半的楼盘名称分别隶属其他类别，体现了策划者对不同购买者社会心理的把握。毕竟，在南京这样的现代化大城市中，各种市民心态都存在，通过多层次、多角度的定位，房地产商可以最大限度地迎合市民的不同需要，从而实现市场和利润的最大化。

6.2.3 楼盘命名的语言结构顺应

对不同社会心理的顺应，在楼盘命名中的直观反映就是楼盘命名的语言结构顺应。按照顺应理论，交际会在语言的各个层面（如语音、词汇、句法等）上体现顺应特征。大多数房地产发展商都试图通过楼盘命名这个有效途径来吸引潜在的目标客户，试图一“名”惊人，刺激购房者的购买欲望，这就要求楼盘名称要好记、好念、好听，只有这样才能高效地发挥楼盘名称的识别功能和传播功能。反之，名称复杂烦琐，难读难记，没有较强的语感，广告受众和主要目标客户群体就很难记住它，信息传递就会出现断层。笔者在对南京楼盘名称的调查中发现南京楼名在语言上有如下特点：

（1）字数较少，简约凝练。

商标界内的泰斗克斯帕尔·维尔克曼曾对产品中命名用文字商标长度作了一个统计分析，结果发现词语长度偏好集中在5~8个字母构成的词，一般7个字母构成的较好。也就是说，中文品牌以2~4字为宜。楼盘的命名也不例外，一般2~6个字为妙，否则不易记忆，达不到较为理想的传播效果（维尔克曼，1991）。日本《经济新闻》对品牌传播作过一项调查，调查结果显示，品牌名称的字数对品牌认知度有一定的影响力，品牌名在

4～6个字的，平均认知度较高，而品牌名在6个字以上的，则平均认知度偏低，由此可以看出，品牌名称字数越少越容易记忆和传播。许多成功楼盘的专家普遍认为，楼盘命名一般以6个字内最为适宜。字数过多会让置业者记不清楚，也给楼盘的推广带来一定的阻力。楼盘名称太长，售楼人员在销售楼盘时，无疑会产生一些沟通上的不便。表6－2为南京287个楼盘的名称字数统计：

表6－2　南京楼盘名称字数统计

楼名字数	2	3	4	5	6	7个及以上
楼盘数量	2	24	158	48	46	9
占总数百分比	0.7%	8.4%	55.1%	16.7%	16.0%	3.1%

表6－2显示，简短的楼盘命名，已成为南京楼盘命名的一种流行趋势，其中以4～6字名称居多，认知度较高，有利于楼名的识别和记忆。4字楼盘名称占半数以上，原因之一，字数不多，简约凝练，符合语言的经济原则，因为“当传达的信息既短小精悍、意义又完整无损时，编码和解码过程既省时又省力”（Leech，1983．67）；原因之二，符合中国人的语言审美习惯，朗朗上口，易于传播。

（2）尽善尽美，标新立异。

发展商、楼盘命名策划者在对项目进行推广，为楼盘命名时，通常精益求精，优中选优，对楼盘名称的义、音、形进行综合审视，要好记、好念、好听、好看。义，要寓意美好、令人遐想、避免歧义；音，要平仄适当、避免拗口、利于传播；形，要搭配美观，使受众及目标客户群体很快识别和掌握。中国文字（方块汉字）的特点是声、形、意兼备。用目重形的中国文字，带有一定的欣赏价值，为楼盘命名提供了无限想象的空间。如“佳湖绿岛”、“鸿意星城”、“水月秦淮”、“新城逸境”等楼盘名称，音韵和谐，讲究平仄，意境优美，构思独特，令人回味，充分显示了汉字及文化的魅力。

应该说，一个具有新颖创意和独特魅力的楼盘命名，确实具有一定的感染力和号召力。曾有报道说，一女性拗着男友死活要在某楼盘落定，就是冲楼盘名字而来的，因为它“不仅看上去很美，而且听上去也很美”。据报道，现在有两到三成的购房者是冲着名字去的（《金陵晚报》，2006年12月13日）。目前南京的开发商和楼盘命名者们为了吸引购房者，挖空心思给楼盘起标新立异的名字，已经到了无所不用其极的地步，于是“木马公寓”（跟病毒无关）、“高校房吧”、“左邻右里”、“西祠胡同（原来是著名网站的名字）”等抓人眼球的名字纷纷出炉，而类似“观筑2080”、“魔方4.8”等看上去听上去都不知所云的楼盘名字也不断出现。著名经济学家董藩教授批评该现象：“现在的楼盘命名已步入非正常的‘恶搞时代’。开发商只要能吸引买房人的眼球、促进销售，想怎么起名，就怎么起名！一般的命名也就算了，最近媒体报道，南京有一家楼盘竟用‘内阁’给小户型组团命名，真是恶搞！”（《金陵晚报》，2006年9月20日）。然而，就“恶搞”背后的动机而言，房产商还是为了迎合潜在客户的心理，只是有点走过头了。

6.2.4 从楼盘命名的历史变化看心理顺应

比较不同时期的南京楼盘名称，我们可以更清楚地看到房产商对社会心理的顺应倾向。以楼盘通名的演变为例，在20世纪50—70年代，小区一般叫作“××村”、“××新村”，而且只是一般的标识符号，中国城市居民的心理状态基本相似，居民区通常不会刻意去取名。改革开放以后，楼盘取名“花园”、“园”、“苑”的比较多，市民心态开始发生一些微妙的变化。近年来，受欧美文化的影响，许多南京的楼名被冠以“洋名”。同时，随着对自然质朴的生活环境、传统建筑的精致典雅等的认同，楼名开始出现多元化顺应趋向。表6－3作为不完全统计，结合表6－1，可以反映一些变化的趋势：

表6－3　2001年与2006年南京楼盘部分通名统计

	楼盘总数	花园	园	苑	公寓	新寓	山庄	总计	占总数比例
2001年	300多个	90	56	43	46	27	26	288	约96%
2006年	300	40	45	29	9	1	8	132	44%

从表6－3的数据可以看出，近六年来南京楼盘通名发生了大幅度的变化。2001年，地名管理部门曾对南京300多条（不完全统计）居民区地名进行统计，当时通名为“花园”的就有90多处，占了将近1/3，而且楼盘通名多为表6－3所列的六种。2006年，这些比较传统的通名所占比例已经明显减少，楼盘命名呈现多样化。据报道，到2006年年底，南京楼盘已经有150多个通名（《金陵晚报》，2006年12月13日），可谓百花齐放，各具特色，充分体现了南京房地产业的迅猛发展和人们居住理念的变化，也反映楼盘命名对不断变化的社会心理的语境顺应。

6.3　楼盘命名的模因学分析——个案研究

当代中国蓬勃兴起的房地产开发业为城市现代化注入了活力。其中，一个现象引发了众多关注，那就是新楼盘开发和推介过程中不断涌现的“洋名”。笔者近日对南京近百家新楼盘的名字统计发现，其中竟有30多家楼盘的名字中带有异域地名，仅江宁一个区就占了2/3，有近20个楼盘的名字中含有欧美等国家的地名，分别涉及美国、英国、法国、德国、意大利、奥地利、挪威等国家，逛一圈就像周游世界一般。

六朝古都南京很早就以“江南佳丽地，金陵帝王州”闻名天下，历史上也以兼容并蓄著称。随着国际化不断推进，南京的楼盘名也紧随潮流，一时间“洋名”盛行，成为古城南京一道独特的风景。透过这股风尚，我们不禁要反思“洋名”兴起的原因。我们认为，“洋名”的选择体现了开发商为了顺应特定业主群体喜洋好外的心理，通过模因传播机制达到推广销售的目的。

6.3.1　楼盘命名中的模因现象

房屋作为我们赖以生存的物质基础，同时也作为一个符号，在当代社会被赋予了更多含义。除了居住这一基本功能外，它还有可能成为身份、地位、情趣、追求的表征。选择什么样的小区以及什么类型的住房虽在很大程度上要受制于经济条件，但后者并不是购买住房时唯一考虑的因素。邢杰认为，“无论是买报纸还是购买住房，我们都不是随机地选择，总是受到一种内在力量的驱使”。这种选择表现出如下特点：首先，它是“认知”与“社会”视角融合的结果；其次，它具有“结构化”和“被结构化”的属性，受到主观和客观因素的影响；最后，它具备适应环境和反复构建的能力（邢杰，2007）。认知，作为模因生成与复制过程中一个关键的因素，决定了在某个特定的社会文化语境和心理语境下，哪些模因更顺应人们感知、记忆、模仿的规律。在楼盘推广过程中，如果能针对消费者的社会特征，创造出符合其认知特点的符号，让消费者在解读过程中实现自我认同，就可以在一定程度上刺激购买行为，实现销售。

在改革开放初期，中国楼市处于萌芽阶段，楼盘几乎不会刻意去取名，居住小区也多是单位福利房，多以“某某村”、“某某新村”或“某某小区”命名，反映出改革开放初期人们朴实、谨慎的心理。随着时代的发展，人们开始向往更优美典雅的居住环境，这时的楼盘出现了大批以

"花园"命名的住宅区，如海月花园、五台花园、虎啸花园、银轮花园等，体现了社会宏观语境的日益宽松，顺应了人们开始大胆追求物质享受的趋势。而在福利房取消、楼盘进入推销时代后，开发商开始在楼盘命名上绞尽脑汁。与此同时，更加开放的外部环境和人们更多元的心理取向推动了楼盘命名进入"百家争鸣"的年代。面对激烈的竞争，不少楼盘通过理解和把握受众的认知心理因素和社会语境因素，尽力顺应这些因素来划分顾客群，吸引潜在顾客。在楼盘命名七大黄金法则中，第一法则即为"命名要与项目定位、目标群体以及楼盘属性相符合"，准确选择消费群体（谢海东，2008）。一个好名字，既能推动楼盘的销售，也能直接与项目的目标顾客群对接，激起目标顾客群共有的情感反应，实现面向市场的第一诉求。

6.3.2 "挪威森林"楼盘名的模因分析

新楼盘不断面市，购买者拥有越来越多的选择，不同的楼盘命名利用不同的模因，有选择性地瞄准了不同的顾客群体。有的名字古典秀丽，如水月秦淮、聚宝山庄、相府吉邸等，符合传统审美趣味，是几千年文化遗传的积淀，利用的是"文化亲近型模因"；有的名字让人感觉温馨舒适，如雅居乐花园；有的让人体会亲近自然，如钟山美庐；有的让人彰显不凡身份，如帝豪花园，这些都迎合了不同顾客群对自我情感外部物质承载的需求，利用了"情感型模因"（冉永平、张新红，2007）。此外，新楼盘中也出现了大量的洋名，以增添浪漫高贵的异域风情，迎合对外来文化有强烈认同感的年轻时尚人群，满足他们对经典与财富生活的梦想。布莱希特认为，人们对习以为常的事物往往会视而不见。对此柯勒律治提供了另一种答案：给日常事物以新奇的魅力。而现代学者把这种解答概念化为一个关键词——"陌生化"，即通过语言创新，通过别具一格的语言，来达到对日常语言惰性和麻木性的颠覆，借以恢复人们对语言进而对生活的敏锐感受（周宪，2002）。对楼盘来说，如何脱颖而出呢？给楼盘冠以新奇的洋名，吸引人们的眼球，锁定特殊的消费群体，具有异域特色的楼盘名被巧妙转化成新鲜、陌生的"文化因子"。新楼盘就这样被贴上了标签，经过同化、记忆、表达、传播等阶段，悄然渗入我们的生活，在无意识中左右了我们的选择。楼盘名"挪威森林"（Norwegian Wood）（南京华辰房地产开发有限公司于2005年推出的地产项目，位于江宁开发区将军大道33号，立项名称为"诗丹名苑"）为我们提供了这样一个范例：

"楼盘起了洋名，感觉上了档次，有利于促销"，营销人员如是说。"挪威森林"承载着丰富的文化信息，在顷刻之间让人浮想联翩。它最初起源于英国甲壳虫乐队名曲 *Norwegian Wood*。“森林深处，一个充满诱惑，满是清凉幽香的地方，少男少女偶然邂逅。房间里没有椅子、没有床，只有地毯与红酒。一觉醒来，鸟儿已飞走。梦醒之后，含着眼泪，绝望地将那个幻灭的梦燃烧。”这就是甲壳虫那首广为流传的情歌。成立于 20 世纪 60 年代的甲壳虫乐队，是历史上最有影响力的、拥有歌迷最多的流行乐队。*Norwegian Wood* 在全世界流传，也改变了日本作家村上春树的命运。“当机舱里响起 *Norwegian Wood*，主人公渡边一下子陷入往事，不能自已。音乐早已了无痕迹地渗入生命，突然之间牵动心中微微的疼痛。海潮的清香，遥远的汽笛，女孩肌体的感触，洗发香波的气味，傍晚的和风，缥缈的憧憬，以及夏日的梦境……”一种无法言传的感受，贴己而朦胧，撩人又莫名，这就是那部风靡全球的青春恋爱小说——《挪威的森林》。自 1987 年问世以来，这部小说在日本已销出 760 万册，在中国的发行量也已突破 300 万册。甲壳虫乐队用歌声感动了村上，村上用他的文字感动了世界。

从甲壳虫乐队到村上春树，从经典情歌到时尚小说，“挪威森林”逐渐演变成一个强势模因。异质性和新鲜感让其得到关注；“同一化”的解读又让它在极短时间内完成了从陌生到崇尚的过渡。无论是爵士乐，还是意大利面，城市新贵们纷纷仿效村上式生活，“挪威森林”成为一种符号，成为时尚生活的标志；为了迎合这种心理，城市中的新楼盘开始被命名为“挪威森林”，最早是在南京，后来又在深圳、广州、北京和沈阳相继出现。在古城南京，“挪威森林”于 2005 年出现在江宁区翠屏山下。尽管在立项书和购房合约上，小区的标准名称都是“诗丹名苑”。可是，从楼书，到广告，再到小区标识，无一例外地使用了“挪威森林”。它既是国内第一片“挪威森林”，也是南京市首家以年代归属感为推广策略的楼盘，把出生于 20 世纪 70 年代的人作为推介重点。楼书中赫然写道：“挪威森林，是村上文字中的追问和忧伤……它天生灵性，懂得与气质相投的人彼此回应。”“（70 年代的人）不相信一见钟情，又宁肯做爱情的信徒；传统与现代分野，理想与现实冲撞；表面平和，心存热望。”楼书利用这一内容强势模因，把这片森林推向他们的内心深处。

广告中的强势模因是反复推敲后的精华概念，可以让人过目不忘。强势模因能够在瞬间抓住消费者的注意力，在消费者心中激起情感反应，产生购买欲望，模因传播效果显露无遗（冉永平、张新红，2007）。事实上，模因常以模因复合体的形式出现，强势模因和弱势模因同时存在于模因复合体中并相互转化。Brodie（1996）曾提出将弱势模因变为强势模因的三种策略：重复策略（Repetition），就是不断重复某个模因，直到为人们熟悉并在头脑里内化；认知失谐策略（Cognitive Dissonance），人总是追求认知协调或和谐，引起认知失谐的模因迫使大脑为恢复认知协调对信息进行加工，这一过程会强化大脑对模因的记忆；木马计（Trojan Horse），作为一种传播策略，是指新模因或弱势模因借助或依附于强势模因来传播自己，以增强其生命力。以“诗丹名苑”为例，从楼书到广告，再到小区识别系统，开发商反复运用“挪威森林”这一模因，意在潜在消费者心中强化楼盘信息，属于重复策略；“挪威森林现身翠屏山区”，这是典型的认知失谐，意在对潜在消费者内心产生冲击，加深印象；借助深入人心的“小资”模因，新楼盘迅速提高知名度，对潜在消费者内心施压，通过特殊的身份标签，使其产生归属感和购买欲，则是巧用了木马计①。

6.4 结语

随着市场竞争与房地产开发的规范化，楼盘名称已从一般的标识符号演变成楼盘整体营销的一个组成部分，促使开发商和楼名策划者们在楼盘命名上绞尽脑汁。本章从语用层面进一步论证了楼盘命名中涉及的顺应现象的策略性，揭示了楼名策划者为顺应客户各种心理所作的尝试。

日益兴起的“洋名”成为中国许多城市中一道独特的风景，新鲜的文化因子折射出社会的价值多元和人们不断变化的认知及情感趋向。这不但是一个名称问题，也是一种文化现象。无论是在日常生活、文学作品，还是广告传播中，语言运用从来都不是自然或理所当然的。相反，语言运用反映了特定社会、文化和阶层的意识形态。在文学作品中，被文学界和正统文化奉为“经典”的作品，不断塑造并传输经典的价值观念，要求读者加以模仿（周宪，2002）。在经济社会中，商品的品牌、名称、标识和包装，随处可见的模因更是折射出各种流行观念、认知和情感因素。社会规范和“强势模因”被悄悄地合法化了，而接受它们的消费者却全然不知。为了打动买房人，拉动商品房销售，许多新楼盘在对外宣传时纷纷隐去真名，借助外来模因，采用或洋气或尊贵、或时尚或炫酷的“艺名”。时间一长，这些“艺名”的名气之大，甚至超过了楼盘的真名。这种现象不单在南京，在全国其他城市也已出现。

在新楼盘推广中，外来模因可以起到销售加速器的作用，尤其是有异

① 传说古代希腊人攻打特洛伊城九年不下，就把一批勇士藏在特制的木马中，佯装撤退。特洛伊人把木马当作战利品运入城内。入夜，木马内的勇士出来打开城门，与攻城部队里应外合，占领了特洛伊城。后来人们把潜入到对方内部出奇制胜的方法叫木马计。

域特色的“洋名”。不过，需要指出的是，洋模因也是一柄双刃剑，“洋名”产生的联想并非处处美妙。如木马公寓[①]既可以让人联想到奇妙的特洛伊木马，在瞬息万变的商战中抢占制高点，出奇制胜；也可以让人想到无处不在、无法根除的木马病毒，及其给工作带来的诸多不便。另外，楼盘洋命名由于定位过于明确，不利于更为广泛的诉求。以古都南京为例，不论是世代久居的老南京人，还是刚刚立足的新市民，许多人都珍惜传统价值观。对于他们来说，在这座充满历史的古城，穿过乌衣巷，可以体味历史沧桑，登临桃叶渡，亦可以回想当年书圣对爱人的深情。

① 高档公寓项目，位于南京市丹凤街卫巷 1 号，距珠江路科技街 100 米。

第7章　企业品牌命名的社会心理取向

本章考察中国企业品牌命名的特点，从社会心理角度对这些特点加以描绘和分析，通过调查和统计，呈现中国企业品牌命名的基本模式。

7.1　引言

企业品牌命名①是企业品牌战略的起点，从某种程度上讲，它的恰当与否决定了企业品牌战略的成败。恰当的企业品牌命名过程需要考虑很多因素，诸如听觉冲击力、朗朗上口等，其中企业品牌名称的含义与企业所处环境的社会心理耦合度是检验企业品牌命名科学和成功与否的一个重要标准。二者之间的耦合有利于社会公众识别、记忆、认同企业品牌及其所代表的产品，从而更好地发挥企业品牌引导消费行为的作用。所以，许多国内外企业在实施品牌战略过程中特别重视建立品牌命名与社会心理之间的联系，其中，世界著名企业海尔集团就是这方面的典型。

从对国内某些著名企业品牌命名过程的研究，推断出以下结论：一是随着改革开放的深入，中国企业的品牌名称意识越来越强烈；二是中国企业品牌命名策略主动顺应以消费者心理为主导的社会心理需求及其变化；三是企业品牌命名得当与否对企业的发展会产生一定的影响，有时甚至是重要影响；四是企业品牌命名也是一门语言艺术，企业品牌命名既与营销理论体系中的品牌营销学、消费者心理学等理论有关，同时又属于语言学的研究范畴，涉及心理语言学、传播学、社会语言学、翻译学、修辞学等多个学科。

中国市场营销学界和语言学界的许多学者从不同角度对国内外企业品牌命名问题进行过比较深入和系统的探讨。这些研究的主要内容有以下几个方面：

---

① 企业品牌命名有广义与狭义之分，广义的“企业品牌命名”包括“企业品牌命名”和“企业商品品牌命名”。狭义的“企业品牌命名”仅指“企业品牌命名”。本章中企业品牌命名主要是指狭义的“企业品牌命名”。

一是引入和介绍西方理论界关于企业品牌命名的成果（殷志平，2006）。他们综合国外学者的研究成果，把企业品牌命名归纳为以下几个视角：①企业品牌命名的目标与标准视角；②企业品牌命名的语言视角；③企业品牌命名的认知心理视角；④企业品牌命名的社会文化视角；⑤企业品牌命名的过程视角。二是将西方有关企业品牌命名的理论成果应用于某一行业内的企业品牌命名研究中。黄月圆、陈洁光在《中国商品品牌命名的规则和特点》中对中国企业商品命名进行了比较系统的分析研究。三是将企业品牌命名与语言学相结合进行研究，对企业品牌命名进行总体归纳，提出与企业品牌命名相应的总体原则、技巧（贺川生，2003；张渤，2006；唐志丹、李响，2002；任海棠，2006）。四是从市场营销角度对品牌命名进行研究（谢导，2004；王伟，2006）。谢导在《品牌命名的五个策略层面》中从消费者记忆、产品通用效用、品牌定位、感情联想、品牌归类等五个层面探讨品牌命名的营销策略问题。

这些研究从不同方面深化了我们对品牌命名理论和实践的认识。但是，国内外许多企业品牌命名实践都表明企业品牌命名与企业所处社会的社会心理息息相关，而且在许多社会科学研究中，越来越重视引入社会心理变量研究的有关问题，因此，在品牌命名等相关研究中引入社会心理将为品牌命名研究提供全新视角。

从这一视角出发，至少可以探讨下面五个方面的问题：一是在消费者认知心理视角研究的基础上，从社会心理角度对企业品牌命名，特别是当代中国企业品牌命名问题进行系统研究，探索中国企业品牌命名的社会心理模式和规律；二是从历史角度，特别是改革开放30年来，充分考虑企业所处的客观社会环境变化对企业品牌命名的综合影响，研究基于社会心理需求变化情况下中国企业品牌命名的演变问题；三是基于社会心理视角的中国企业品牌命名实证研究，检验中国企业品牌命名的社会心理反映模式和规律的科学性；四是基于社会心理视角的中国企业品牌命名规律和企业品牌战略制定、实施和目标达成的互动关系研究；五是中国企业品牌命名的社会心理反映模式和消费者行为关系研究。本章拟就其中的第一个和第三个问题进行探索，为推动我国企业品牌战略的实施和发展提供借鉴，也为第二、第四和第五个问题的未来研究提供基础和前提。

7.2　社会心理反映模式的界定

这里的“社会心理”是指“其基本形式在个体层面主要表现为社会认

知、社会感情、行动倾向，在群体方面主要表现为风俗、习惯、成见”（沈杰，2003）。社会心理反映模式则是对影响企业品牌命名的主导社会心理方面，即上述“社会心理”中个体或群体心理的各种表现中的某些心理现象的反映类型。

7.3 样本企业选择

为了反映中国企业品牌命名的现实状况和成就，也为使中国企业品牌命名社会心理反映模式的研究成果具有代表性和一般性，我们选择了“十大餐饮品牌/食品品牌中中国企业品牌（含中外合资企业，以下同）”、“十大电冰箱品牌/十大冰柜冷柜品牌中中国企业品牌”、“十大眼霜品牌榜/名牌眼霜中中国企业品牌”、“交通工具——十大摩托车品牌/电动车/客车中中国企业品牌”、“十大维生素品牌榜中中国企业品牌”、“中国十大瓷砖品牌榜/名牌瓷砖”、“著名日用品企业品牌”、“新兴产业——数码产品生产企业品牌”、“经营企业（家电/零售）品牌”、“新兴产业——知名太阳能企业品牌（作者根据研究需要而添加的类别）”等十类产业中200多个企业作为本章研究和分析中国企业品牌命名的社会心理反映模式的样本。它们主要是国家有关部门2007年公布的名牌产品（它们或是中国名牌，或是中国驰名商标，或是国家免检产品，或兼而有之）所属企业。

选择这些企业作为我们研究的样本，是考虑到恰当品牌命名与其所处社会的社会心理的耦合度对识记功能的积极影响，所以我们假定：企业品牌命名的社会心理反映模式选择和企业品牌战略成功实施之间具有高度的正相关。也就是说，这些样本企业（或企业产品）之所以能够成为名牌或进入十大名牌产品行列，一定程度上在于它们的企业（产品）品牌命名反映和满足了社会心理需要，强化了社会公众对企业品牌的识记和认同，从而能够有效引导社会公众行为和消费者行为，最终推动企业品牌战略的实施和目标的实现。

7.4 社会心理反映模式分类

通过对上述企业品牌命名的不完全归纳、分析和推理，我们发现，许多企业品牌命名是多种社会心理综合作用的结果，而且，由于企业所处的产业（行业）、产业诞生的年代、产业的科技水平、企业所面对的目标消费群、企业建立的时代、企业所在地等方面的不同，企业在品牌命名所反映的主导社会心理方面差异很大。但是，我们还是可以根据这些样本归纳出主要影响中国企业品牌命名的八种社会心理反映模式。

（1）地域情结模式。这种模式主要根据社会公众对某些特定地理名称的了解，或怀有的某种特殊感情，或与该名称相关的知识熟悉度等社会心理特征，利用企业所在地域的城市名称或省市简称或地域标志性事物名称作为企业品牌命名的基本依据和要素，或直接全部引用，或部分引用，或综合运用，形成企业品牌名称，引导或满足社会公众在品牌传播或品牌识记上的社会心理需要，达到最终影响他们消费行为倾向的目的。例如青岛（中国城市名，世界著名海滨城市）啤酒、苏宁（江苏南京简称合并，分别是中国最发达省份之一和六朝古都之一）电器、长城（中国标志性建筑）电脑、华扬（中国扬州）太阳能、云南（云南省名）白药、嘉陵（原四川省主要河流）公司、钱江（钱塘江简称，浙江省主要河流）摩托、蒙牛（内蒙古简称+产品源）乳业等。需要说明的是，样本中这种模式的企业命名比较多，原因可能是多方面的，但是与中国人特殊强烈的地域情结紧密关联。

（2）目标消费群认同模式。这种模式主要根据目标消费群某些特别的认知规律、消费行为等社会心理特征，并以此作为企业品牌命名的基本依据和元素，便于目标消费者结合自身的某些特点对品牌名称以及其所代表的产品的认识、记忆和联想，提高目标消费者对品牌的认同感和亲和力，便于消费者准确定位，也便于产品推广和节省成本，以达到迅速提升品牌传播速度和效率，引导和影响目标消费者购买决策和行为的目的。例如，娃哈哈（利用儿童年龄和语言特点，表明其消费者是孩子）集团、旺旺（利用卡通形象表明其主要消费者是儿童）控股、太太（利用性别和称呼表明其主要消费者是中年女性）药业等。

（3）产品性能突出模式。这种模式主要根据消费者购买产品特别注重其满足某种需求的社会心理，利用企业主导产品或所有产品的主要功能作为企业品牌命名的基本依据和元素，便于消费者把产品主要功能和品牌名称结合起来认识、记忆和联想，以达到同时提高品牌名称和“核心产品”传播速度与效率，引导和影响消费者的购买决策和行为的目的。例如，联通（主要是无线通信）通信、小肥羊（羊肉火锅）餐饮、白雪（制冷产品）电器、晨友（早晨刷牙）刷业、捷安特（快捷和安全是自行车等交通工具主要的性能要求）等。

（4）国际品位表现模式。这种模式根据人们追求国际化和全球化的社会心理需求，或是利用特定的具有国际性特征的文字（中文或英文汉译），或是利用外资合作企业名称变化，或是利用其他国际性特征文字作为企业品牌命名的基本依据和元素，引导和满足全球化背景下的消费者等社会公众对中国企业国际性的社会认知和社会感情需要，满足企业国际化战略的要求和最终影响消费者的消费行为倾向。例如，海信（Hisense）集团、海尔（源于德国企业品牌“利勃海尔”）集团、TCL（英文字母表明国际性）集团、欧莱雅（洋味儿）集团、亚细亚（亚洲简称）集团等。

（5）爱国情怀模式。这种模式根据中国人特有的爱国情怀等普遍的社会心理需求，企业以国家总体社会价值观念体系中的全部或部分内容作为企业品牌命名的基本依据和元素，体现中国特色社会主义环境中企业应该遵循的价值观，追求作为中国社会主体的企业和消费者对企业品牌名称的社会认知、社会感情认同和感情共鸣，以达到最终影响消费者的消费行为倾向的目的。例如，华旗资讯（爱国者）、五爱（爱党、爱国、爱人民、爱公司、爱岗位）刷业等。

（6）慕名晕轮模式。这种模式根据晕轮效应社会心理原理①，或是企业全部或部分利用某些知名度较高的机构名称，或是利用标志性人物名称，或是利用某些社会公众耳熟能详的词汇作为企业品牌命名的基本依据和元素，实现企业品牌名称快速传播，提高消费者对品牌的认识、记忆和联想，以达到最终影响消费者消费行为倾向的目的。例如清华（名牌大学名称）紫光、清华（名牌大学名称）阳光太阳能、三笑（最初源于电影《三笑》）集团、诺贝尔（著名科学家名字和最高科学奖项名称）集团、冠军（体育等竞赛最高奖项）建材、蒙娜丽莎（世界著名画作名称）陶瓷、罗马（世界著名古城、古国名称）瓷砖等。

（7）理想和形象定位模式。这种模式主要根据企业和社会公众共同（主要是其所有者或主要经营者）的理想、价值观和情感诉求等社会心理作为企业品牌命名的基本依据和元素，寻求与消费者等社会公众在理想、价值观和情感需求方面的共鸣，以达到最终影响消费者消费行为倾向的目的，例如兴盛（兴旺和昌盛简称）刷业、皇明（企业创始人名字谐音）太阳能、民生（取自孙中山“三民主义”）药业、统一（中国早日完全统一是全中国人民的梦想）企业等。

（8）传统文化诉求模式。这种模式利用社会公众对中华五千年文化的传承或向往等社会心理需求，企业或主要根据所在地区，或根据整个中国

① 晕轮效应于20世纪初首先出现在心理学研究领域。Thorndike于1920年在进行人力资源方面的研究时，第一次正式提出了晕轮效应的概念。随后，许多学者对晕轮效应进行了广泛的研究。

的传统文化的某些特定文化形式和特征，或利用某些特定词汇作为企业品牌命名的基本依据和元素，满足作为企业或消费者等社会公众对品牌名称的社会认知和社会情感需要，以达到影响消费者的消费行为倾向的目的。例如惠氏（中国古代企业命名往往用“某某氏”，是一种信誉保证的象征）制药、狗不理（天津老牌子）快餐、全聚德（北京老牌子）股份、大娘（中国传统上对老年妇女的亲切称呼）水饺、大宝（中国传统上对孩子的爱称）化妆品、凤凰（中国传说中的吉祥鸟）电动车等。

在笔者收集的企业品牌中，有少数品牌并不反映明确的社会心理模式。通过对它们的命名分析，发现它们无特定基本依据和元素。例如元升太阳能、大阳摩托等。另外，实践中一些企业品牌命名不一定是由某一种社会心理模式决定的，而可能是多种社会心理模式综合作用的结果，例如民生（取自孙中山的“三民主义”）药业、清华（名牌大学名称）阳光太阳能等，只是其中某种社会心理模式可能占据了主导地位而已。这两个方面的品牌命名在这里不归为任何一种模式，但是在定量分析中将综合考虑作为一个变量进行分析。

7.5　调查研究

7.5.1　研究方法

为了研究中国企业品牌命名的社会心理影响，笔者根据上述分析归纳所得出的八种品牌命名社会心理反映模式和其他特别情况编制了“企业品牌命名问题调查问卷”。

该调查问卷分为两个部分，第一部分是甄别问题，主要用来甄别年龄是否符合调查要求，凡20～60岁的被调查者方可填写问卷。第二部分为影响企业品牌命名的主要社会心理因素调查。问卷设计方式：第一步，根据典型性和差别性选择70个企业作为调查研究样本。第二步，基于上述8种社会心理反映模式假设和其他特别情况设计9个问题，其中前8个问题与上述8种社会心理模式关联，第9个问题依托其他特别情况。它们分别是：①该命名说明和显示了企业的所在地；②该命名说明和提示了哪些人是企业产品的消费者；③该命名说明和提示了企业产品的功能和性能；④该命名体现了企业是一个国际性的企业；⑤该命名体现了企业追求的社会价值；⑥该命名借用了其他名称、名词，以达到扬名的目的；⑦该命名体现了企业和企业家的理想与企业形象；⑧该命名蕴含了中国社会传统文化、价值观等；⑨该命名没有体现明显的心理倾向（包括综合社会心理作用）等。每个问题设计1~7级选项，分别表示：强烈反对、比较反对、反对、不赞同也不反对、赞同、比较赞同、强烈赞同。第三步，每个样本企业下设置以上9个问题，对样本企业品牌命名的社会心理状况进行独立判断。

问卷调查过程严格按照心理测验程序进行，以一定单位实施团体测试，主要测试对象分为三部分：江苏省扬州市某集团，获得11份有效问卷；某高校在籍研究生，获得89份有效问卷；某高校在籍本科生，获得100份有效问卷，共获得200份有效问卷。测试前向被测试者说明测试目的和注意事项，并按要求匿名独立完成问卷。

尽管我们根据样本企业品牌命名的实际进行不完全归纳推理，认为影响中国企业品牌命名可能有八种常规社会心理反映模式，但是考虑到一些企业品牌命名不一定是某一种社会心理反映模式决定的，我们要求测试对象在测验时只考虑某种占据主导地位的社会心理反映模式。

统计学处理：所得数据运用SPSS 12.0进行统计分析，采用的方法为因子分析。通过对部分典型企业进行因子分析，可以揭示影响中国企业品牌命名的主要因子，从而进一步认识中国企业品牌命名的基本特点。

7.5.2　调查结果与分析

为了了解影响因素的结构，笔者对问卷第二部分的70个企业样本中33个典型企业品牌命名影响因素进行了探索性因子分析，采用主成分分析和方差极大旋转法。以下是检验结果。

华扬集团——通过碎石图检验和以上数据表明抽取三个因子较为合适，三个因子的累积方差贡献率为68.71%，KMO系数=0.802，Bartlett球性检验=644.890（$P<0.001$），表明数据适宜因子分析。三个因子所包含的条目是（限于篇幅，有关分析结果不显示）：问题1、2、3可以归为因子一；问题4、5、6、7、8可以归为因子二；问题9可以归为因子三。限于篇幅和表述方便，其余32个企业检验结果恕不一一列示。

其一，问题1、2、3总是被归为一类因子，而这些问题主要侧重产品方面，例如：产品的产地、功能和特性，以及消费群等。

其二，问题5、6、7、8是有关企业方面，例如，企业的价值观念、企业和企业家的理想等，因此，总是被归为一类因子。它们主要反映企业和企业经营者的理想、理念和价值观。

其三，问题4有多种情况，有时与问题1、2、3归为因子一，有时与问题5、6、7、8归为因子二，有时单独成为一个因子，分析结果并不稳定。这是因为：一方面，“名称是否反映企业的国际性”这个问题比较难判断（例如，TCL、海尔），另一方面，在这些样本中符合条件的企业不多，所以导致了这样的分析结果。但是企业品牌命名的国际性社会心理是影响企业命名的重要方面，所以我们把问题4作为一类因子。

其四，问题9有三种情况，一是单独成为一个因子；二是和某些因素一起作为一个因子；三是既没有单独成为一个因子，也没有成为其他因子的一个元素。同时，考虑到不少品牌并不反映明确的社会心理模式或多种社会心理模式综合作用于企业品牌命名等实际情况，所以我们把它归为一个因子。

综上所述，可以把影响中国企业品牌命名的社会心理因素归纳为四个因子。将四个因子由小到大分别归纳为：因子一，表现产品性质、功能、消费者和产地等特点社会心理；因子二，传递企业或企业经营者的理想、理念和价值观社会心理；因子三，传递企业或企业经营者的国际性定位或视野社会心理；因子四，无明确特征或综合性社会心理。

典型样本定性和定量研究发现，从影响因子看，中国企业品牌命名行为受多重社会心理因素的共同影响，不过，不同的企业在具体操作过程中所考虑的社会心理方面又有所差别。从影响主体方面看，既有来自以消费者为主导的外部公众社会心理，也有来自企业内部以企业发起者和经营者为主导的内部公众社会心理。这符合市场经济条件下作为社会经济人的企业和作为企业命名执行者的自然人的经营行为一般规律。品牌命名受到产品性质、功能、消费者和产地等的影响。因为从消费者为主体的外部社会公众角度看，企业品牌是他们认识、熟悉甚至忠诚于企业和企业产品的重要信息源和载体，他们具有通过产品命名获取这些信息的基本社会心理需求；从企业经营者等内部公众角度看，企业品牌作为企业市场营销管理过程中一个重要客体和企业产品甚至市场形象等各种综合信息的重要载体，它们具有在品牌命名时充分传达消费者需要的信息的内在动力。所以，在企业品牌命名过程中，企业期望通过企业品牌名称所包含和表达的产品性质特点、功能特点、消费者特点、产地特点等信息满足消费者的社会心理需求，引导他们的消费行为。这是我们分析的样本中绝大多数企业品牌命名最重视的基本社会心理方面（我们的理解和数据分析的结果，没有得到具体命名者的确认，以下分析同）。这一点无论是定性研究还是定量研究都得到了有力的证明，几乎所有典型样本的因子分析中产品性质特点、功能特点、消费者特点和产地特点等都归为因子一。

品牌命名表达企业或企业经营者的理想、理念和价值观等的影响。作为理性消费者等外部社会公众，他们能够认同企业适当的盈利，但是，他们对企业的盈利方式以及盈利的多少有基本的社会心理预期；作为经济社会人的企业，最终都要盈利，这是他们生存的基础和意义所在。但是，企业经营者盈利的目的、动机、实现方式和目标是千姿百态和千差万别的，而表达他们盈利的目的、动机、目标、实现方式、与其他企业的区别、某种独特性的直接和重要的载体就是企业品牌名称。所以，许多企业经营者在品牌命名过程中期望通过鲜明的品牌名称表达他们对社会公众和企业合理盈利社会心理预期的回应。同时，他们还希望这种回应能够与社会公众的心理产生共鸣，为引导他们的消费行为提供条件。

品牌命名显示企业或企业经营者国际性定位或视野的影响。全球化是目前企业面临的最大机遇和挑战，这种机遇和挑战主要来自消费者以消费心理为主的社会心理需求的变化，例如他们追求产品质量、功能的国际标准，追求品牌国际形象等，为了应对这些影响，满足消费者的社会心理需求，中国许多企业在品牌命名时已经开始考虑到这一点。尽管这还不是主流，但是，这必将成为中国企业品牌命名不可忽视的一种社会心理影响因素，值得关注。这也是我们把它作为一个独立因子考虑的重要原因之一。

无明确特征或综合性社会心理影响。俗话说，“没有特点本身也是一种特点”。可能正是受这种社会心理的影响，不少企业在品牌命名时完全采取一种随机的方式。这也不失为一种吸引消费者和其他社会公众认识、关注、熟悉甚至忠诚于企业和企业产品的有效方式。与此相反，另外一些企业品牌命名时则尽可能综合考虑多种社会心理，力争满足他们的需求。这两种极端形式在我们分析的样本中都是存在的，只不过不是主流。

上述四种社会心理影响因子对中国企业品牌命名都在不同程度上产生着影响，不过对于不同企业而言各因子影响力有所差别。这种差异一方面取决于品牌命名者的个人偏好，另一方面取决于企业产品、所处产业、社会环境等各种影响因素。我们认为品牌命名更多的是主观意识对社会心理的反映。

7.6　结语

本章在现有的研究基础上，引入社会心理学这一全新视角考察企业品牌命名，探讨了中国企业品牌命名的社会心理反映模式，检验了中国企业品牌命名的社会心理反映模式和规律的科学性。研究发现，中国企业品牌命名存在 8 种社会心理反映模式：①地域情结模式；②目标消费群认同模式；③产品性能突出模式；④国际品位表现模式；⑤爱国情怀模式；⑥慕名晕轮模式；⑦理想和形象定位模式；⑧传统文化诉求模式。同时，本研究将影响中国企业品牌命名的社会心理因素归纳为四个因子，表现产品性质、功能、消费者和产地等特点社会心理；传递企业或企业经营者的理想、理念和价值观社会心理；传递企业或企业经营者国际性定位或视野社会心理；无明确特征或综合性社会心理。

本章对中国企业品牌命名问题的研究，特别是定量研究，仅仅是开始。要更准确地把握中国企业品牌命名的社会心理规律和特征，为我国企业利用科学品牌命名方法支持品牌战略，还要进一步对以下问题进行研究：一是策略研究，充分考虑中国企业在所处的客观社会环境急剧变化的条件下企业品牌命名社会心理的相应变化，研究基于社会需求心理变化情况下中国企业品牌命名的社会心理的演进问题，以及它们对企业品牌战略的影响；二是精确研究，研究不同行业、地区和不同性质的中国企业品牌命名社会心理规律和特征，以及它们对企业品牌战略的影响；三是互动研究，中国企业品牌命名社会心理反映模式和企业品牌战略制定、实施和目标达成的互动关系研究，以及中国企业品牌命名的社会心理反映模式和消费者行为关系互动研究。

第四部分

新闻标题用语的社会心理考察

本部分聚焦于新闻标题的特定句式选择（疑问句式）、人物指称表达可及性选择、信息传递的预设机制以及诸如“躲猫猫”的模因类流行语的使用，从社会心理语用角度探讨新闻标题设计者如何策略地捕捉、利用读者的阅读心理，达到吸引读者、影响公众的根本目的。

第8章　疑问句式新闻标题的语用心理分析

本章关注在新闻报道中不时出现的疑问句式新闻标题，从语用心理角度探讨此句式新闻标题的各种语用功能，并通过调查取样的分析方法，呈现疑问句式新闻标题的分布情况，解析影响其分布的各种因素。

8.1　引言

近年来，新闻标题研究开始涉及其语义和语用两个方面。Van Dijk（1988）认为新闻标题的功能主要体现在语义方面，一个新闻标题必须要概括新闻的主要内容，并且展示整个新闻语篇的语义微观结构（semantic microstructure）。Bell（1991．188～189）则对此语义分析表示反对，因为有大量的新闻标题并不能概括新闻的主要内容，如有的新闻标题传达的是次要内容或者是凸显新闻中的某一个细节。此类研究表明，新闻标题的主要功能似乎不只体现在语义方面，而更多体现在语用方面。有鉴于此，大量的研究对新闻标题的语用功能作出了分析。Iarovici & Amel（1989）指出，新闻标题的功能同时体现在语义和语用方面，在语义方面主要涉及新闻正文的内容，而在语用方面则涉及新闻语篇的读者。较早的新闻标题语用分析一般都认为，标题除了要与新闻正文有关以外，应该具有吸引读者的功能：一个好的新闻标题应该能够吸引读者阅读新闻的正文（Bell，1991）。Dor（2003）试图从关联理论出发，寻找超越各种具体功能的深层的新闻标题语用功能。基于以往的研究，Dor 认为，并不是所有的新闻标题都会概括新闻正文的内容，也不是所有的标题都具有吸引读者阅读正文的功能（如很多报纸的标题给读者快速浏览提供了方便）。根据 Dor 的研究，新闻标题一般应该包括如下 10 个特征（Dor，2003）：①标题应尽可能简短；②标题应清晰易懂不含歧义；③标题应有趣味；④标题应包含新信息；⑤标题不应预设读者不了解的信息；⑥标题所含的名称以及概念应该给读者提供新闻价值；⑦标题不应包含对读者来说新闻价值很低的名称和概念；⑧标题应能够将所报道的新闻与之前相关的事件联系起来；⑨标题应将所报道的新闻与读者的期待和假设联系起来；⑩标题应用合适的方式传达正文的框架。

Dor 将新闻标题看作一种交际机制（communicative device），其深层的普遍功能在于为读者提供最具关联性的新闻内容介绍，即读者能付出最少的认知投入获得足够大的认知效果，从而在未看正文前就已经对内容有了最佳的了解。以上的十大特征都是为了服务于最佳关联的假定。应该说，Dor 的研究秉承了关联理论从心理和认知出发、对交际现象作出深层解读的传统。但是由于过于强调新闻标题普遍统一的功能，很多具体的问题被忽略，如不同性质的报纸以及不同性质的新闻对标题使用的差异并没有得到解释。

值得注意的是，现有研究者对新闻标题的句式选择没有给予必要的关注。笔者发现，新闻标题经常不是使用默认的陈述句式，而是使用疑问句式。为此，本章将通过调查，考察相关句式的使用情况与动因。

8.2　疑问句式新闻标题的语用心理分析

从语法角度看，新闻标题一般采用名词性短语或陈述句式。有时，我们发现一些标题也会采用疑问句式，如下列标题：

①日本“天下无贼”吗？（一般疑问句）（雅虎中文，2011 年 2 月 26 日）
②当年漩涡，今如何？（特殊疑问句）（《南方周末》，2011 年 2 月 24 日）
③广东河源国土局局长闹市自建 7 层楼？（语调疑问句）（《扬子晚报》，2011 年 2 月 24 日）

用于新闻标题的疑问句式在类型上包括是非疑问句、特殊疑问句和语调疑问句。一般疑问句要求对方回答“是”或者“否”，在形式上以语气词“吗”结尾或者句中嵌入“是否”、“是不是”，如例①。特殊疑问句则是对某一未知信息作出提问，形式上则在不同的位置出现“什么”、“怎么”等特殊疑问词（何自然、陈新仁，2004. 171 ~ 177），如例②。语调疑问句相对比较特殊，此类疑问句的语序与陈述句相同，无须疑问语气词的标记，只是在口语中语调具备疑问句特征，如例③。仅凭语感，读者就能感觉到以上三类标题尽管都属于疑问句，但是功能各有不同；下面的分析将表明，即使是同一类疑问句，也会发挥不同的功能。

在形式句法领域，无论何种疑问句都是在陈述句的基础上转变而来的，后者传达的是命题。对于疑问句来说，形式句法只能涉及“疑问语气”这样单一的语义信息，不足以探讨疑问句的语用功能。但形式语言学的研究也已经表明，出于“疑问”而“探询”是疑问句最基本的功能（徐盛桓，1998）。与其他句子结构一样，由于语境和交际目的的多样化，疑问句的其他功能也得以派生（于善志、林立红，2001）。

8.2.1 疑问句式新闻标题的功能

我们首先讨论疑问句式新闻标题的共有功能。任何疑问句的普遍功能都是向对方提问，引发对方猜测问题的答案。对于新闻标题来说，此类句式必然可以吸引读者的关注，引导读者阅读下文。这是由于问题的提出给读者制造了悬念，而要解决这个悬念，读者需要进一步阅读全文进行探索。当然，针对不同的新闻标题，这个功能会有强弱差别，下文也将涉及这个问题。这也和吴珏、陈新仁（2008）论及的新闻标题吸引读者的功能一致。除此以外，此类标题的另一普遍功能是拉近作者与读者的距离，增进报纸的亲切感。尽管问句中的修辞句式不需要对方回答，但是普遍情况下，当读者看到疑问句标题，会将其看作作者与自己对话的一种标志，因此此类标题必然会让读者感觉到自己与作者的距离被拉近，也自然更愿意看作者的文章。除了吸引读者兴趣以及拉近读者与作者的距离这两个普遍功能外，三类疑问句式标题也有其各自独特的功能，下面我们分别加以论述。

1. 一般疑问句标题功能解析

我们首先探讨一般疑问句新闻标题的功能。如上文所述，一般疑问句在交际中需要读者回答“是”或者“否”。当然，在现实交际中，还有回答其他内容的可能，详见何自然、陈新仁（2004a. 171～172）的著作。此类标题的主要功能是引发读者对标题中的问题加以思考，并引导读者阅读正文所给出的分析。如针对上文所举的例子“日本‘天下无贼’吗?”大部分读者必然会了解这个文章的主旨是有关日本治安状况的，但作者并未在标题中直接说日本治安状况如何，而是抛出一个问题，给读者制造悬念，读者想要知道答案，就得阅读文章。在这种情况下，制造悬念的功能就非常强，或者说，制造悬念是这个标题句式的主要功能。

除了制造悬念外，有的一般疑问句标题还有质疑、批评的功能。例如：

④管住配偶子女，管不管兄弟？（《南方周末》，2011 年 2 月 24 日）

这则新闻的背景如下：最高法院出台回避规定，法院领导或者审判执行岗位的法官，配偶或子女是律师的，一方必须退出。这篇文章主要探讨的是这个回避规定存在的漏洞，因为回避规定只涉及配偶和子女，却疏忽了其他可能存在的关系也会导致司法不公。标题中的问题似乎是抛给读者的，让读者思考这个问题，引发读者的兴趣。但笔者认为，这并不是这个标题的主要功能。事实上，读者读到标题，可能并不会知道这篇文章的主题究竟是什么，更不会激发读者对这个主题的思考，唯一针对读者的功能是，一个问题激发了读者的好奇心。除了激发读者的好奇心，这个标题的另外一个功能是质疑和批评。因此这个标题具有两重性：一方面用问题的形式激发读者的好奇心，另一方面，这个问题的实质是针对有关部门的。很明显，作者是对最高法院提出疑问，对这个回避规定提出质疑和批评。

在有些情况下，一般疑问句的标题还具有否定传统看法从而吸引读者注意的功能。我们以如下标题为例：

⑤“冰冷”的柏林电影节——到底有没有那么政治？（《南方周末》，2011 年 2 月 24 日）

以上新闻标题的正文是对第六十一届柏林电影节的报道。该文章基于的一个预设是，很多国人认为柏林电影节政治倾向性比较明显，某些电影作品是由于其政治立场而获奖。该文的作者则通过分析和例证，否定了传统看法，指出柏林电影节参展作品具有多元性。否定传统看法最终也能达到吸引读者的目的。

2. 特殊疑问句标题功能解析

特殊疑问句一般针对某个特定信息提出疑问，作为新闻标题，此类句式的功能和一般疑问句略有不同。一般疑问句常常会引发读者去思考“是”或者“否”，而特殊疑问句也让读者产生疑问，但读者必须到文中去寻找答案。一般情况下，读者对于特殊疑问句类标题不会形成自己的答案，而需要到文中寻找解答。因此，此类标题的功能主要是提出读者感兴趣的一个问题，吸引作者阅读正文。以例②为例，这则新闻报道的是前几年颇有争议的垃圾焚烧项目在各省的状况，通过阅读标题，普通读者只会对这个问题好奇而不会形成自己的答案。

3. 语调疑问句标题功能解析

语调疑问句的形式是在一个陈述句后面加上问号，在语义上与一般疑问句相似，需要读者回答“是”或者“否”，两者的差异在于，一般疑问句大部分情况是纯粹的提问，而语调疑问句则一般存在说话者（即新闻作者）对命题内容的惊讶或者质疑。我们先用一个日常交际中的例子来说明问题：

⑥甲指着一个年轻老师对乙说：那人是我们的老师。

乙（惊讶状）：什么？他是老师？我还以为是你的同学呢。

甲：是的呀，真是老师，不骗你。

以上例子中，乙的疑问一方面有一般疑问句的功能，这在甲的回答中能得到验证，但同时，乙的问句也表达了对“他是个老师”这个命题的惊讶，这在乙后续的话语“我还以为是你的同学呢”中得到验证。

在新闻标题中采用这类标题，一方面是具备疑问句标题的普遍功能，即激发读者的兴趣、拉近与读者的距离；另一方面是在报道事件的同时，表达作者对此事件的惊讶与质疑，暗示正文在报道标题所示的事件时对该事件持否定和批评态度，同时也引导读者质疑此事件。我们看下面两个例子：

⑦北京人是特殊人群？（《南方周末》，2011 年 2 月 24 日）

⑧外人勿买，能治楼市热病？（《南方周末》，2011 年 2 月 24 日）

以上两则新闻来自《南方周末》同一版块，都是有关北京禁止外地人购房以控制房价的报道。例⑦首先指出了这个措施意味着“北京人”在这个国家具有特权，成为了“特殊人群”，标题加上问号并不是希望读者对这个问题给出不同的答案，而是对这个现象表示惊讶和质疑，读者在阅读正文之前已经知道作者的主旨是要批评这个措施存在的问题。事实上，这篇文章的正文确实是以批评为主，指出这个措施一方面存在户籍歧视的问题，同时在法律上也存在漏洞。这个标题的另一个功能是，一般情况下，读者会为这个标题所感染，先入为主地认为这个措施存在不当之处。例⑧与此类似，表明作者怀疑“外人勿买”这个措施能够解决目前的楼市过热问题。

8.2.2 疑问句式新闻标题分布情况调查

通过上文，我们分析了各类疑问句式新闻标题的功能，但并未考察各类标题的分布情况差异以及内在原因。以下将报告笔者对几份报纸所做的调查，并基于顺应论的框架对结果作出解读。

（1）数据收集。

笔者集中收集了如下几份报纸的标题信息：《人民日报》、《南京日报》、《扬子晚报》、《南方周末》和《体坛周报》。《人民日报》为国家级报纸，属于传统的官方报纸；《南京日报》、《扬子晚报》和《南方周末》属于地方级报纸，但定位各有不同：《南京日报》官方性质比较明显，属于传统意义上的党报；《扬子晚报》面向社会各个阶层的读者，市民气息更加浓厚；《南方周末》侧重对政治和文化事件的评论。《体坛周报》功能相对单一，主要报道和评论国内外体育事件，娱乐性质比较明显。这五份报纸能够在很大程度上代表国内发行的主要报纸类型。

笔者随机查阅了连续发行的5份报纸（前4份发行日期为2011年2月20—24日；《体坛周报》每周一、三、五发行，笔者查阅了2011年2月13日、2月16日、2月18日、2月21日和2月23日发行的报纸），在数据收集过程中，以标题是否有问号作为标记来统计疑问句式新闻标题的数量。收集的数据主要根据报纸种类以及新闻内容分类。

（2）调查结果。

表8－1是各类报纸使用疑问句式标题的频率情况。

表8－1　各报纸5天内使用疑问句式标题的总数以及平均数

报纸	《人民日报》	《南京日报》	《扬子晚报》	《南方周末》	《体坛周报》
总数	0	0	13	22	48
平均	0	0	2.8	4.4	9.6

根据表8－1，我们可以发现，具有明显官方性质的报纸基本不采纳疑问句式新闻标题，无论是国家级的还是地方级的都是如此；具有明显娱乐性质的报纸采纳此类标题的频率最高；频率次之的是具有典型评论性质的报纸，而具有市民气息的报纸也会采用一定数量的疑问句式标题。

除了考察报纸种类的影响外，笔者还根据新闻内容进行了统计，由于《体坛周报》内容单一，因此不将其列入统计范围之内。统计结果见表8－2。

表 8－2　5 天内各新闻种类使用疑问句式标题总量统计

新闻内容	非默认形式标题总量
国际新闻	3
全国性新闻	4
地方性新闻	8
民生问题评论	12
文娱新闻	9

根据表 8－2 的数据，国际新闻和全国性新闻的标题使用疑问句式标题的频率比较低，而有关地方性新闻、民生问题评论以及文娱新闻使用的疑问句式标题明显更多，这和《体坛周报》使用疑问句式标题总量最多的结果是一致的。

（3）疑问句式新闻标题的顺应论解释。

根据语言顺应论（Verschueren，1999），在交际中使用语言的过程就是不断选择语言的过程，交际者最终选择的语言也是对于语境的顺应。语言选择的过程可以涉及语言的各个层面（从语音到语篇），而本章讨论的非默认形式的标题则属于句法结构层面。根据顺应论，我们要解释为什么疑问句式标题的分布呈现出以上的不同，归根结底就是要分析疑问句式标题形式顺应了什么样的语境因素，为什么这样的顺应在不同的报纸以及不同的新闻语境中会存在差异。顺应论中的语境因素包括交际语境和语言语境，后者主要体现在交际中语言内容所提供的上下文语境，与本章的讨论关系不大。交际语境主要可以分为三类：心理世界、社交世界和物理世界。我们将从心理世界和社交世界两个维度出发，讨论疑问句式标题在使用过程中对语境所作出的顺应。

疑问句式新闻标题是顺应心理世界的结果。在交际中，说话者使用某个语言形式时必须要顺应说话者和听话者的心理状态。对于本书来说，新闻标题必须要顺应读者的心理状态。读者的心理状态则比较简单：获取有用的信息，了解不同的视角。疑问句式新闻标题的普遍功能是吸引读者的阅读兴趣，因而需要顺应读者的心理状态。此类顺应对于一般疑问句和特殊疑问句形式的标题尤为明显，因为两者都帮助作者制造悬念，引发读者寻找答案，既顺应了读者的好奇心理，也满足了读者想要获得有用资讯的心理。另外，新闻标题有时也会顺应作者自身的心理需要，如语调疑问句的新闻标题可以暗示作者对某个事件的质疑态度，提示正文的导向性，同时也可以帮助作者影响读者的看法。可以说，对心理世界的顺应解释了作者使用疑问句式标题的深层原因。

疑问句式新闻标题使用的差异体现了顺应社交世界对于语言形式选择的制约。陈新仁（2007a）指出，社交世界中的因素“无论是数量还是总量都几乎难以穷尽”，其中大部分与机构和社交场合有关。有些语言使用必须受到特有机构规范的制约。官方媒体的功能是发布权威性的报道，而权威机构一般不需要刻意拉近与民众的关系以吸引民众的兴趣，这可以解释为什么《人民日报》和《南京日报》基本不使用疑问句式新闻标题。相反，《体坛周报》是纯粹娱乐性的报纸，为了顺应报纸的娱乐特征，作者可以选择疑问句式标题来拉近与读者的距离，吸引读者的注意力并激发读者的阅读兴趣。《扬子晚报》的正式程度介于两者之间，其使用疑问句式标题的数量也介于其间，能够很好地说明问题。《南方周末》使用疑问句式标题数量较多则不是媒体正式程度影响的结果，而是由于它是国内最具有批评和反思力度的媒体。语调疑问句的主要功能是体现作者的质疑和批评，因此，此类标题的使用也是顺应《南方周末》机构特征的结果。总的来说，对于社交世界的顺应可以解释不同报纸分布的差异。此外，疑问句式新闻标题总体数量不多也是对社交世界顺应的结果。新闻媒体的主要特征是发布客观、公正的新闻，体现其权威性（虽然不同的媒体的权威性有差异），为了顺应这个特征，大部分新闻会使用陈述句式而放弃疑问句式新闻标题。

8.3　结语

本章探讨了非默认形式的新闻标题的语用功能及其使用情况的差异。非默认形式的新闻标题的主要功能是制造悬念、吸引读者的阅读兴趣、暗示作者对某个现象的质疑以及引导读者对某个现象的看法。调查表明，不同的报纸以及不同的新闻对于新闻标题的使用都存在差异。基于顺应论，笔者对调查结果作出了解释：新闻标题的选择是对心理世界、社交世界以及物理世界的顺应。对心理世界的顺应解释了为什么会使用此类标题，对社交世界的顺应解释了为什么不同的媒体使用此类标题的频率存在差异，对物理世界的顺应解释了为什么不同性质的新闻在使用此类标题时存在差异。

新闻标题的使用涉及方方面面的因素，顺应论中的三个语境因素也错综复杂，因此本章的分析难免存在遗漏，有待进一步深入。

第9章　新闻标题中人称表达可及性的语用心理阐释

本章仍以新闻标题为研究对象，引入基于关联理论的可及性理论，详细调研高可及性、中可及性和低可及性人物指称表达在汉语网络体育新闻标题中的使用情况，从语用心理视角，对四大网站体育新闻标题的人物指称类型与可及性分布作出阐释。

9.1　引言

20世纪80年代，信息技术的现代化使得新闻业迅猛发展，电视、广播、报纸、网络等媒体在新闻传播领域展开了十分激烈的竞争。与传统媒体相比，网络媒体在新闻传播的速度、广度、深度方面具有十分明显的优势。然而，网络新闻信息庞大、题文分家、题长有限，如何吸引读者点击阅读就取决于新闻标题的制作水平。为了在海量的信息中凸显出来，就需要制造亮点，抓住新闻要素、紧扣新闻人物。目前，对新闻标题的研究主要集中在修辞、标点、语言特色、整体写作原则等方面（沈春娥、雷扬，2010；马丽、刘乃仲，2010；彭建武、季英奎，2005；张凌云，2010），鲜有研究者考察包括网络媒体在内的新闻标题中人物指称表达的使用情况。在为数不多的新闻标题指称表达研究中，研究者的研究对象又往往局限在英语或其他语种的新闻标题上，如王玲（2004）、刘义（2008）分别对美国报纸、英国报纸的新闻标题中的指称使用情况进行了调查，Kronrod & Engel（2001）考察了以色列报纸新闻标题中指称语的使用。目前尚无研究考察汉语新闻标题中人物指称表达的使用情况。

体育新闻是当前各类媒体传播的重要内容，其中体育人物又是网络新闻标题的“亮眼”。迄今为止，尚未有人对网络中汉语体育新闻标题中的体育人物指称表达使用情况进行研究。鉴于此，本章旨在探索汉语网络体育新闻标题中人物指称表达的使用情况，揭示新闻报道者如何利用人物指称表达的可及性差异来捕捉读者的阅读心理，从而达到吸引读者的目的。

9.2　英汉指称表达的可及性分析

本章关于人物指称表达使用情况的考察以可及性理论（accessibility）为理论基础。可及性是心理学概念，指一个人在说话时，从大脑记忆系统中提取一个语言或记忆单位的便捷程度（许余龙，2000）。Ariel（1988、1990）指出，不同形式的指称表达实际上标示了这些指称所对应的实体的心理表征在大脑记忆中的可及性，心理表征的可及性则体现为它在记忆中的可激活程度。因此，就指称功能而言，指称词语也可以称为可及性标示语（accessibility markers）。

Ariel 进而将指称词语分为高可及性、中可及性和低可及性三种标示语：①高可及性标示语，即那些似乎只用于指称语篇语境中某个实体的指称词语，如代词、零代词；②中可及性标示语，即那些最初用于指称有形语境中某个实体的指称词语，如指示词语；③低可及性标示语，即那些最初用于指称百科语境中某个实体的指称词语，如专有名词和有定描述语（许余龙，2000）。

通过探讨英语真实书面篇章中指称词语的分布情况，Ariel 验证了指称词语可及性的假设，并提出了可及性层级（由高到低）：零代词 > 反身代词 > 动词人称屈折语 > 缩略代词 > 代词 > 重读代词 > 重读代词并伴随动作 > 近距指示代词（ + 名词短语） > 远距指示代词（ + 名词短语） > 近距指示代词 + 名词短语 + 修饰语 > 远距指示代词 + 名词短语 + 修饰语 > 名 > 姓 > 短的有定描述语 > 长的有定描述语 > 全名 > 全名 + 修饰语（Ariel，1994）。表 9 - 1 呈现的是一些英、汉语中共同拥有、具有不同可及性程度的指称表达的具体示例。

表 9 - 1　可及性标示语示例

可及性标示语	英语例子	汉语例子
高可及性标示语		
零代词	(Jack robbed a bank and) ø (ran off.)	（杰克抢了银行后）ø（逃跑了。）
反身代词	herself, himself, itself	自己
代词（含重读代词）	I, you, he, she, HE, SHE	我，你，他，她

（续上表）

可及性标示语	英语例子	汉语例子
中可及性标示语		
指示代词	this/that	这个/那个
指示代词（+修饰语）+名词短语	this/that（fantastic）movie	这/那部（非常棒的）电影
短小的有定描述语	the red rose	（那朵）红玫瑰
姓、名	Thomas/Jenny	托马斯/珍妮
绰号	Jess/Viper	小飞侠/小王/王二等等
低可及性标示语		
长的有定描述语	the red rose in blossom on my table	我桌子上盛开的红玫瑰
完整姓名	Jenny Thomas	珍妮·托马斯
完整姓名+修饰语	Jenny Thomas, the linguist	语言学家珍妮·托马斯

9.3 研究问题及语料来源

为了了解汉语网络体育新闻标题在人物指称表达中的可及性情况，本章旨在回答如下问题：

①汉语网络体育新闻标题中各使用了哪些人物指称词语？这些指称词语的可及性如何？

②就人物指称语的使用而言，汉语网络体育新闻标题中不同可及程度的指称语分布如何？

为此，我们随机选取了人民网、新华网、新浪网、搜狐网体育版面2010年11月到2011年2月的各100条新闻标题作为语料来源，随后剔除了没有包含人物指称语的标题、援引其他媒体新闻报道的标题、直接引语类标题①，接着从中各抽取50条含有不同类型人物指称语的标题进行数据统计。这样选择的原因在于，人民网、新华网作为国家重点新闻网站，与

① 直接引语类标题，如科比不惧年龄天赋劣势；飞侠：我仍能终结任何对手。此类标题中涉及的指称类型非常多，故将其剔除。

新浪、搜狐这样的大型商业门户网站在汉语新闻标题使用方面具有代表性。在统计过程中，我们只考虑指称唯一体育人物的新闻标题，诸如下列标题中画线部分对应的指称方式不在我们的统计范围内：

①科比19分6助攻加索尔17分　湖人6人上双客场擒灰熊（新浪网，2011年2月8日）

②三巨头发威热火胜　活塞先发5人无人上双（人民网，2010年12月2日）

9.4　汉语网络体育新闻标题中人物指称表达的类别

在所收集到的汉语网络体育新闻标题中，我们发现存在许多类别的人物指称表达方式。下面，我们按照 Ariel 的可及性层级加以分类介绍。

9.4.1　高可及性人物指称表达的使用

观察语料，我们可以发现，在网络体育新闻标题中使用的高可及性人物指称表达主要是第三人称代词“他”。例如：

③1米65挺出个巨人压垮湖人　看不起他可以不服却不行！（新浪网，2010年12月22日）

④小牛犊全能表现剑指MVP　今年的他比科比皇帝更出色（新浪网，2010年12月23日）

正如 Ariel（1990）指出的那样，为了达到某些特定的效果，新闻报道者可以违反可及性层级的限制。在例③中，新闻作者在指称人物时没有使用可及性较低的博伊金斯（雄鹿队最矮的球员），而使用了可及性程度高的第三人称“他”，指称对象不明确，读者需要阅读新闻才能了解所指。笔者认为这里的特定效果就是给读者设置悬念，引起他们进一步阅读新闻的兴趣。再如，在例④中，新闻标题作者使用“他”指代 NBA 公牛队球员小牛犊德里克·罗斯，指出其水准超过科比和皇帝。笔者认为，新闻标题作者此处使用代词“他”的动机同样在于顺应读者的好奇心理，获取点击率。

9.4.2 中可及性人物指称表达的使用

从语料可以看到，四大网站的体育新闻标题涉及体育人物时使用的中可及性指称表达主要包括绰号、昵称等。笔者认为，绰号和常用名形式简短，报道者之所以使用这些形式，是因为其认为相关体育人物对于目标读者而言是比较熟悉的，易辨认所指，因而这些指称表达属于中可及性标示语的范畴。由于绰号、昵称、姓或名之间的可及性程度难以比较，本章不作进一步区分。例如：

⑤魔兽面前拜纳姆证身价 湖人三连冠不可缺小鲨鱼（搜狐网，2011年2月13日）

从语料可以看到，四大网站的体育新闻标题涉及体育人物时使用绰号或昵称非常频繁。在例⑤中，报道者用“魔兽”、“小鲨鱼”分别指代奥兰多魔术队的霍华德和洛杉矶湖人队的拜纳姆。Ariel（1990）指出，使用特定的可及性标示语体现了说话人/作者对指称人物的移情。笔者认为，报道者使用“魔兽”、“小鲨鱼”也具有这样的效果，倘若使用霍华德、拜纳姆，就不能凸显绰号所能表达的亲昵口吻。同时，笔者认为绰号的使用也体现了标题作者对体育版读者心理的揣测，认同读者对NBA球员的熟悉程度、喜爱程度，缩短了目标读者与体育人物的心理距离。下面例⑥可做同样的分析：

⑥意甲—伊布传射罗比破门 AC米兰3－0稳居榜首（人民网，2010年12月5日）

巴西球员罗布森·德·索萨绰号罗比尼奥，意为“小罗布森”，“罗比”取其绰号的一部分，是一种昵称。此外，姓或名也是体育新闻标题中常用的中可及性指称表达。例如：

⑦斯塔德迈尔和韦斯特布鲁克上周表现最佳（新华网，2010年11月23日）

姓是中可及性标示语，是媒体体育版中最常见的指称类型之一（王玲，2004）。从统计数据可以发现四大网站的体育新闻标题对人物姓氏的使用非常多，尤其是新华网，竟使用了高达44%的姓，譬如例⑦。我们认为，体育版的读者群相对稳定，并且已经具备基本的体育常识，姓的使用足以使读者确认所指对象，所以使用姓较多十分合理。

9.4.3　低可及性人物指称表达的使用

在我们的语料中，用于指称体育人物的低可及性指称方式包括使用全名、修饰语+名、修饰语+姓、修饰语+全名等，如例⑧中的 Suns' Steve Nash：

⑧Suns' Steve Nash involved in baby daddy drama

四大网站中，人民网对体育人物全名使用的情况最多。如例⑧所示，全名是低可及性标示语，却可以提供更多的信息，从而使标题清晰。使用全名虽然信息量大，但行文正式，指称内容清楚，符合人民网（国家重点新闻网站）的形象定位。

⑨奥尼尔重回故地战接班人　他就是奥兰多的勒布朗（搜狐网，2010年12月25日）

例⑨中的“奥兰多的勒布朗”（指勒布朗·詹姆斯）属于“修饰语+名”的指称方式。从信息度（informativity）① 的角度来说，修饰语+名（奥兰多的勒布朗）提供的语义信息量大于名（勒布朗），因而其可及性仅次于名。

⑩爵士功勋主帅斯隆辞职　传奇教练告别23年犹他岁月（新浪网，2011年2月11日）

例⑩中的“爵士功勋主帅斯隆”（指杰里·斯隆）属于“修饰语+姓”的指称方式。同样按照其信息度的原则，“修饰语+姓”比姓提供的信息量大，因而其可及性略低于姓。

⑪个性李娜倾倒澳网　淡定看待胜负　幽默面对公众（人民网，2011年1月26日）

---

①　信息度（informativity）：如果所指实体可及性低，编码者就会采用信息量大的语言形式，反之则采用信息量小的形式（周平，2001）。

例⑪中的“个性李娜”属于“修饰语 + 全名”的指称方式。“修饰语 + 全名”的信息度大于全名，因此比全名的可及性程度低，同样属于低可及性标示语。

9.5 四大网站体育新闻标题的人物指称类型与可及性分布

为了了解上述具有不同可及性程度的体育人物指称表达的分布情况，笔者结合所收集的语料做了简单的统计，结果见表 9 – 2。

表 9 – 2 网络体育新闻标题的人物指称语的可及性分布

网站	总数（%）		高可及性（%）		中可及性（%）		低可及性（%）	
人民网	80	100%	6	7.5%	45	56.3%	29	36.2%
新华网	75	100%	7	9.3%	50	66.7%	18	24%
新浪网	119	100%	33	27.7%	56	47.1%	30	25.2%
搜狐网	118	100%	23	19.5%	61	51.7%	34	28.8%
合计	392	100%	69	18%	212	54%	111	28%

观察表 9 – 2，我们可以发现：①人民网、新华网、新浪网、搜狐网新闻标题中的体育人物指称语都更多地使用中可及性标示语，其数量约占指称语总使用量的一半（分别为 56.3%、66.7%、47.1%、51.7%，平均为 54%）。汉语网络体育新闻标题中的中可及性标示语分布频率最高的特点与 Kronrod & Engel（2001）、王玲（2004）等人的研究结果一致。这一点从表面上看与可及性理论的预测——第一次提及某个实体时，应该使用较低的可及性标示语（Kronrod & Engel，2001）——是不一致的。笔者认为，出现这种不一致其实与体育版针对的读者群体有很大关系。阅读体育版的读者往往是体育爱好者，对大多数经常报道的体育人物皆有一定的了解，使用信息较全的低可及性标示语显得多此一举，使用中可及性标示语也就是正常的了。②四大网站低可及性标示语运用得也颇多（分别为 36.2%、24%、25.2%、28.8%，平均为 28%）。使用低可及性标示语，指称的语义信息量大，使读者对新闻所指一目了然，节省时间。③与人民网、新华网相比，四大网站中都出现了高可及性指称表达（平均为 18%），特别是新浪网、搜狐网两者的高可及性标示语更多（分别为 27.7%、19.5%）。

使用高可及性标示语较多的情况违反了可及性理论的预测，不过其有利之处在于指称语简短含糊、设置悬念，读者需要进一步阅读新闻全文才能获知所指人物。

9.6　结语

本章主要考察了人民网、新华网、搜狐网、新浪网体育频道关于新闻标题的人物指称语使用的情况，发现中可及性标示语使用得最多。中可及性标示语中，绰号的使用也颇具汉语特色，有移情的效果。高可及性标示语中，代词的使用很多，主要作用是设置悬念，引发阅读新闻的兴趣。低可及性标示语中，指称的可及性虽低，信息含量却很大。总体而言，汉语新闻标题中的人物指称语可及性程度符合 Ariel 的可及性程度等级，但又彰显汉语的特色，如出现了绰号/常用名、修饰语 + 姓、修饰语 + 名等指称方式。

本章的调查局限于主要网站的体育新闻标题，且语料有限，未来的研究可以考察更多新闻版面对人物指称语的使用，譬如政治、国内新闻、国际新闻、娱乐等版面。因此，汉语新闻标题中人物指称语的可及性趋势还有待进一步研究。

第10章 英汉新闻标题中预设的语用心理解析

本章同样聚焦新闻标题，但采用的理论视角是语用预设理论和语言顺应理论。在分析了新闻标题中预设机制的交际目的和语用功能后，结合实证手段，对比分析英汉新闻标题中预设机制的使用情况，并从语言顺应论的角度对新闻标题中预设机制触发的语用心理进行阐释。

10.1 引言

新闻报道是社会用语的一种类型。作为“新闻报道的眼睛”，新闻标题主要实现两种语用目的：一种是明快地提供新闻信息，另一种是吸引读者注意。不同标题可能在设计上各有侧重，效果自然不一样。试比较下列两条新闻标题：

①贾法里被提名为“伊拉克团结联盟”总理候选人（《人民日报》，2005年2月23日）

②贾法里面前还有几道关？（《扬子晚报》，2005年2月23日）

两则新闻标题选自同一日期的两份不同报纸。例①能让读者获得比较丰富的信息，但由于所提供的信息已很完整，读者容易失去阅读整篇报道的兴趣。例②信息量不充足，却能以一个问句紧紧抓住读者的心弦，激发他们去了解报道的详细内容。

一般说来，新闻标题尽可能同时实现上述两种交际目的，可供使用的方法有很多，如加大字号、改变字体、使用成语等。近年来，已有学者从语用学角度研究新闻标题。例如，Kronrod & Engel（2001）借鉴基于关联理论假设的可及性理论（accessibility theory）探讨了新闻标题中指称表达的使用情况，发现面临较大市场压力的报纸在其标题设计中更常使用高可及性的指称表达以示对读者的了解和亲和。也有学者指出，具备最佳关联的新闻标题能够吸引读者的关注，引发读者的阅读兴趣（Dor，2003；胡涛辉，2005）。本章将从一个新角度，即预设机制的策略性使用，来探讨如何实现新闻标题的双重交际目的。具体说来，本章将回答以下几个问题：预设机制在新闻标题中有哪些语用功能？新闻标题中预设机制的策略性使用情况如何？不同报纸以及不同报纸板块的新闻标题中预设机制的使用情况是否有所不同？为此，笔者将在收集分析大量语言实例的基础上，参照语言顺应论（Verschueren，1999），采用定性分析与定量研究相结合的方式来探讨上述问题。

10.2　新闻标题中的预设机制

10.2.1　新闻标题的交际目的

新闻标题是连接读者和新闻报道之间的桥梁。在繁忙的现代社会里，人们浏览报纸以期获得当天的最新消息，然而忙碌的人们并没有充足的时间阅读每篇报道的每个细节。一般来说，读者渴望通过标题就能获得新闻报道的主要内容，而不必阅读整篇报道。然而，由于受到报纸版面的限制，标题的篇幅又不能太长。如何在有限的篇幅内传递足够多的信息成了一个矛盾性的任务。

另外，新闻报道主要是通过导语和正文传递具体、详细的信息。新闻工作者的主要目的是让读者阅读整篇新闻报道，让他们更加全面地了解新闻事件的始末。从这个角度看，标题的目的是为了吸引读者注意（Nir，1993．28）。因此，标题设计必须能吸引人们的眼球，能激发读者阅读报道的兴趣。这样，标题设计者需要在提供必要信息和吸引读者关注之间取得平衡。从理论上讲，目标读者越是不稳定、流动性越大，就越需要想办法通过标题的精心设计来赢得关注。

10.2.2　预设机制的语用功能

如何实现新闻标题的上述两种交际目的？笔者在观察并分析大量的新闻标题后，发现在新闻标题中使用预设机制能够有效地实现标题的双重交际目的。具体说来，新闻标题中预设机制的策略性使用主要有四种语用功能。

1. 在压缩标题长度的同时提供额外信息

如上所述，新闻标题必须能够提供丰富的新闻信息，但是由于受到读者阅读时间和报纸版面的限制，标题又必须控制在一定的篇幅内。预设机制的使用则能有效地解决这对矛盾。例如：

③印度停止军援尼泊尔（《扬子晚报》，2005年2月23日）

在这则新闻标题中，“停止”一词所传达的预设信息是，印度曾经军援过而且一直在军援尼泊尔。如果我们不使用“停止”这一预设触发语来传达预设，那么要表达相同数量的信息就需要增加标题的篇幅了。原有的标题可能就会变成“印度军一直在援尼泊尔，现在停止了军援”，这就违背了新闻标题短小的初衷了。

预设机制能使新闻标题在尽量短小的同时提供更多的额外信息，这有助于新闻标题实现它的第一个交际目的，即短小但信息丰富。那么标题的第二个交际目的，即吸引读者注意，又是如何通过预设机制实现的呢？预设机制的下面三种语用功能更能帮助标题实现这一目的。

2. 激活读者的已有知识，与读者发生互动

报纸的读者可以分为两大类：消息灵通人士和消息不灵通人士（Verschueren，1999）。前者经常阅读报纸，对各类新闻事件比较熟悉，掌握了相当数量的背景知识；后者不经常阅读报纸，对新闻事件不怎么熟悉，背景知识也比较匮乏。新闻标题要如何才能够吸引这两类读者的注意呢？预设机制的策略性使用能够解决这一问题。例如：

④Democrats，once again，are the party of“the plain people”（*USA Today*，2005年2月13日）

该标题中的预设触发语once again向读者提供了一条预设信息：民主党曾经是“平民”的党。这条预设信息能够在读者的认知世界发生作用，与读者产生认知互动。具体说来，这条预设信息能够使消息灵通人士回忆起相关的新闻事件，激活他们对新闻事件的已有知识。报纸曾经报道过的有关民主党是“平民党”的新闻事件会跃入他们的脑海，从而激发他们继续关注后续报道的兴趣。另一方面，对消息不灵通人士来说，这条预设信息能够帮助他们建立一个相关新闻事件的背景知识系统，让他们了解曾经发生过的事，从而激发他们关注该新闻事件最新进展的兴趣。因此，不管对哪类读者来说，这条新闻标题都能促使他们阅读整篇报道以获得更为详细的内容。

3. 激发读者的好奇心与兴趣

新闻标题中有很多是以问句的形式出现的，而问句本身就是一种预设

触发机制。比如：

⑤谁能破解《达·芬奇密码》?（《扬子晚报》，2005年4月2日）

看到这则标题，读者就会获得这样一条预设信息：《达·芬奇密码》尚未有人能破解，而现在也许有人能破解。究竟是谁能够破解《达·芬奇密码》呢？带着这样的疑问，读者就会仔细阅读报道的详细内容。

4. 呼应读者的期望，与读者发生共鸣

一般来说，新闻报道和标题都必须是客观的，对于作者也是如此，作者不能将个人情感带入新闻写作中去。但是，有时太客观的表述反而不能吸引读者的注意，而带有一些个人感情色彩的观点却能激发读者的阅读兴趣。看到这些带有亲近感的表述，读者会觉得报纸说出了他们的内心所想，于是容易乐于了解报道的详细内容。但是，客观性毕竟是新闻写作的一个重要要求。如何才能做到既客观又贴近读者呢？策略地利用预设机制就能够做到这一点。下面这则新闻标题就能与读者发生共鸣：

⑥春晚状元榜同时出炉，赵本山果然望“手”兴叹（《扬子晚报》，2005年2月23日）

在上述这则新闻标题的副标题中，预设触发语“果然”向读者道出了一条预设信息：有人预测赵本山将望“手”（指《千手观音》）兴叹。作出这种预测的读者也许有很多，而当读者们看到这条标题时，他们会觉得报纸呼应了他们的预测，满足了他们的期望，共鸣感会油然而生。另一方面，这条贴心的标题并没有抹杀它在读者心中的客观性。标题作者只是借读者的预期来陈述了一个客观事实，即读者的预测成为现实。

由于新闻标题可以被视为新闻工作者和读者间的一种交际方式，而标题中的预设又是“那些对语境敏感的，与说话人（有时还包括说话对象）的信念、态度、意图有关的前提关系”（何自然，1997. 68），因此，笔者假设新闻标题时会大量利用预设机制。

10.3　英汉新闻标题中预设机制使用的调查报告

为了了解中英报纸与不同报纸类别及板块的新闻标题中预设机制的使用情况，笔者专门做了一项调查研究，以下是该调查研究的报告。

10.3.1 数据收集

笔者选择了六种不同的报纸：《人民日报》、《光明日报》、《扬子晚报》、《现代快报》、*USA Today*（《今日美国》）和 *New York Times*（《纽约时报》）。《人民日报》和《光明日报》是中国的党报，属于全国性报纸；《扬子晚报》和《现代快报》是发行于江苏的地方性报纸，两者发行量都很大；《今日美国》和《纽约时报》是美国的两份全国性报纸，在世界上享有盛名。这六份报纸中既有中文报纸又有英文报纸，既有全国性报纸又有地方性报纸，因此数据的来源比较多样化。

在每种报纸中，笔者随机选取了2005年6月1日至3日这3天发行的报纸，将这18份报纸中的新闻标题逐一摘录，形成原始数据，并对其进行深入分析。

10.3.2 数据分析

首先，将18份报纸中的所有新闻标题进行分类。根据报纸的特性，笔者将这18份报纸分为三组，即中文全国性报纸（包括3天的《人民日报》和《光明日报》）、中文地方性报纸（包括3天的《扬子晚报》和《现代快报》），以及英文全国性报纸（包括3天的《今日美国》和《纽约时报》）。另外，根据报纸板块的特性，笔者又将这18份报纸中的标题分为四类，即政治类新闻标题、经济类新闻标题、体育类新闻标题和生活类（包括娱乐、科技、教育、文化等）新闻标题。

其次，对18份报纸中的所有新闻标题进行深入研究。经过逐一分析，笔者将这些标题中使用了预设的标题加以标识，并进一步探讨它们在不同报纸以及不同报纸板块中的使用情况。需要指出的是，一些有定表达（definite descriptions），特别是专名（proper names），虽然可以预设某种信息，如例①、例②中的“贾法里”都预设了名为此人的存在，但并不属于预设机制的策略性用法，所以不在本研究的统计范围之内。

10.3.3 结果与讨论

（1）调查结果。

在18份报纸的2 585条新闻标题中，笔者发现有623条标题使用了预设，占24.10%。也就是说，大约每4条新闻标题中就有1条对预设机制进行了策略性使用。可见，预设机制的策略性使用频率在新闻标题中相当高。

具体说来，不同报纸的新闻标题中预设机制的策略性使用情况有所不同，其调查结果如下（见表10－1和表10－2）。

表10－1　六种报纸新闻标题中预设的使用频率

	《扬子晚报》	《现代快报》	《人民日报》	《光明日报》	《纽约时报》	《今日美国》
使用预设的标题数量	173	110	62	69	116	93
标题总数	811	427	335	359	354	299
百分比	21.33%	25.76%	18.51%	19.22%	32.77%	31.10%

表10－2　三组报纸新闻标题中预设的使用频率

	中文地方性报纸	中文全国性报纸	英文全国性报纸
使用预设的标题数量	283	131	209
标题总数	1 238	694	653
百分比	22.86%	18.88%	32.01%

从表10－1我们可以看到，《纽约时报》的新闻标题中预设机制的策略性使用频率最高，为32.77%，而《人民日报》最低，仅为18.51%。这说明，《纽约时报》最重视预设的语用功能，也能较好地运用预设，而《人民日报》对预设的使用是最少的。

由表10－2我们可以得知，英文全国性报纸的新闻标题中预设的使用频率最高，中文全国性报纸使用预设最少，中文地方性报纸居中。这表明，英文全国性报纸比其他两组类型的报纸更加重视预设在标题中的语用功能。

此外，不同报纸板块的新闻标题中预设机制的策略性使用情况也有所不同。调查结果见表10－3。

表10－3　四类报纸板块新闻标题中预设的使用频率

	政治类	经济类	体育类	生活类
使用预设的标题数量	179	135	65	234
标题总数	663	449	282	1 191
百分比	27.00%	30.07%	23.05%	19.65%

从表 10－3 我们可以看出，经济类新闻标题中预设的使用频率最高，而生活类标题中预设的使用频率最低。这表明，经济类新闻标题最重视预设的语用功能，而生活类新闻标题对预设的重视程度最低。

（2）新闻标题中预设机制的顺应性解释。

根据语言顺应论（Verschueren，1999），人们使用语言的过程就是在不同的意识程度下不断作出语言选择的过程。首先，语言选择发生在语言的任何层面上，也包括语言形式和交际策略方面的选择。其次，语言的选择必须顺应各种语境因素，包括语言语境和交际语境。语言语境主要指上下文，交际语境则由物理世界、社交世界和心理世界组成。物理世界中最重要的因素是时间和空间因素；社交世界指的是社会环境、社交场合、社会关系等因素；心理世界则包括交际双方的个性、情绪、愿望、意图等认知和情感方面的因素。我们认为，新闻标题中使用预设机制这一策略选择，就其本质而言是一种语言顺应行为。

其一，新闻标题中对预设机制的策略性使用是对新闻报道的物理世界的一种顺应。为了节省报纸空间和读者的阅读时间，同时也为了向读者提供比较全面的新闻信息，新闻标题必须做到既短小又信息丰富。这是新闻报道语篇的一个特征。为了顺应这个特征，新闻报道的语言使用者，即记者和编辑，就必须想方设法使标题既短小又含有丰富的信息。于是，他们大量选择了预设这一表达手段。另一方面，在大众传媒领域，报纸的销售遵循着一定的市场规律。我们知道，报纸一般可以分为两类：订阅类报纸和街头小报。前者由送报人在每天的一定时间送到报纸订阅人的手中，后者一般出现在街头的报刊亭中。Kronrod & Engel（2001）认为，街头小报面临的市场压力比订阅类报纸大得多。因为街头小报没有固定的读者，所以必须想尽一切办法使自己能吸引路人的注意，从而推销自己。订阅类报纸则不必面临这样的市场压力，因为它有自己固定的读者。这种差异与标题中对指称表达的可及性运用程度差异是一致的。表 10－2 中，中文全国性报纸对预设的使用频率为 18.88%，低于中文地方性报纸对预设的使用频率（22.86%）。在本项研究中，中文全国性报纸包括《人民日报》和《光明日报》，这两种都属于订阅类报纸，拥有稳定的读者群，面临的市场压力相对较小，因此，它们在标题中较少策略性地使用预设似乎不难理解。这类报纸信息权威、可靠，但在信息呈现方式、版面设计等方面似乎不够活泼。值得注意的是，此类报纸近年来也在尝试改版以增加对读者的吸引力。《扬子晚报》和《现代快报》由于是地方性报纸，一般在街头报刊亭出售，在吸引读者方面面临着巨大的竞争力，因此它们会较多地使用吸引眼球的策略（包括预设）来招徕读者。此外，英文全国性报纸对预设的使用频率也比两组中文报纸高，这是因为英文全国性报纸也面临着巨大的市场压力。因此，它们对预设的重视程度高于两组中文报纸是可以理解的。

其二，新闻标题中策略性地使用预设机制是对读者的心理世界的一种顺应。根据语言顺应理论，语言使用者的心理世界包括很多方面，如知识、信念和期望。新闻标题中预设机制的使用能够激活读者对已有新闻事件的知识，与他们发生认知互动，同时也能够激发他们的好奇心与阅读兴趣，并且满足他们的期望。一般说来，新闻标题吸引读者的需求越迫切，其对预设机制的使用频率就越高，以上调查结果支持这样的假设。从报纸板块这一角度来看，不同的板块对预设的使用情况不尽相同。经济类新闻标题使用预设频率最高（30.07%），其次是政治类（27.00%）、体育类（23.05%）和生活类（19.65%）。四类板块各有特色，因此在吸引读者注意方面也存在着一定差别。经济类和政治类新闻拥有的读者数量比较少，一般读者只会匆匆浏览一下新闻标题，而不会深入报道的详细内容。也许是为了激发读者的阅读兴趣，这两类板块中的标题就较多地使用了预设。而体育类和生活类新闻的情况则不同。一般读者对这两方面的新闻比较感兴趣，不需要通过十分吸引人的标题来激起阅读兴趣，因此这两类新闻标题在吸引读者注意方面面临着较小的压力，而其使用预设机制的频率较低也就顺理成章了。

其三，新闻标题中预设机制的策略使用与标题设计者顺应新闻交际中的社交世界也是一致的。策略性使用预设反映了新闻工作者试图与读者互动的一种努力，这一努力有助于缩小双方的情感、心理和认知距离，从而可以构建良好的作者—读者关系。当然，这也有助于促进报纸的销售。

10.4　结语

预设机制的策略性使用在新闻标题中至少可以发挥四种语用功能：在压缩标题长度的同时提供额外信息；激活读者已有的知识，与读者发生认知互动；激发读者的好奇心与兴趣；呼应读者的期望，与读者发生共鸣。从总体上看，策略性预设在所调查的六种报纸中的使用频率都相当高。这表明新闻工作者在有意或无意地利用预设机制在标题中的语用功能。另外，不同报纸和不同报纸板块中预设机制的使用情况也不尽相同。具体表现为，两份英文全国性报纸，即《纽约时报》和《今日美国》中的策略性预设使用频率最高，说明英文报纸比中文报纸更注重策略性预设机制的语用功能；经济板块的新闻标题使用策略性预设频率最高，表明此板块想要吸引读者的需求最为迫切。市场压力越大，使用预设机制的几率似乎就越高。

以上研究结果显示了预设机制的策略性使用在新闻标题中的重要性，同时也对标题设计具有一定的指导意义。新闻记者与编辑要认识到预设的重要语用功能，以制作出更好更吸引人的标题；翻译工作者在翻译新闻标题时也要意识到预设的存在，以免漏译一些重要的预设信息；读者在翻阅报纸时也要注意标题中的预设机制，这样会获得更好的阅读效果。

关于报纸新闻标题中预设机制的策略性使用的研究还远没有完成，还有很多问题有待进一步研究，如英文地方性报纸对预设的策略性使用情况如何，从预设触发语的角度来看，各种报纸及各类报纸板块的新闻标题中的预设可以分为哪几类，各自有着何种语用功能等。

第五部分

告示语的社会心理研究

本部分聚焦于最具社会用语色彩的告示语，考察节俭类、环保类、交通安全类等几类告示语的社会心理取向。

车尾语虽然不是由某个社会管理部门制作的社会用语，但由于其面向的不是某个明确的社会个体，也不是针对某时某地的交际场合，因而也带有很强的社会性。作为一种新兴的话语实践方式，车尾语经常体现某种社会心理诉诸，所以本部分也覆盖了这类用语。

第 11 章　节俭类告示语的语用心理分析

本章考察的是中国语境下的节俭类告示语。通过引入社会心理视角，对直接型和间接型节俭类告示语背后的语用策略进行分类统计，旨在深化对相关社会用语现象的认识。

11.1　引言

节俭指在符合基本需求的前提下节约用度（袁北星，2004）。节俭一直是中华民族倡导的传统美德。我国近来倡导建立的节约型社会更把节俭上升到了一个治国安邦的层面（胡相峰、陈延斌，2005），节俭的重要性可见一斑。倡导节俭离不开全民的参与，而号召全民参与、提高全民节俭意识的有效手段之一便是使用告示语。告示语是一种“不受经济利益的驱动，从社会的需求出发，就某一特定目的而发布的呵护公众利益”（张佳、陈瑶，2004. 36）的告示语。相应地，节俭类告示语指由非营利机构在公共场合（如车站、路边、小区内等）发布的，旨在劝导人们厉行节约的告示语。本章从语用—语言特征和策略手段两个方面入手，分析国内节俭类告示语的使用情况，重点关注节俭类告示语设计者对社会公众心理的把握和利用。

为了调查国内节俭类告示语的使用情况，笔者于 2010 年 6 月 21 日利用百度搜索引擎，以“节俭告示语”为关键词搜索了出现在网络上的提倡人们厉行节俭的告示语。受研究条件限制，我们只选取了搜索结果前 30 页中的语料。经过整理，共发现 130 例节俭类告示语。

下面，我们从两个维度分析节俭类告示语所采取的语用策略：一是对策略的分类；二是不同策略的频次分布情况。并结合具体实例，重点分析相关语用策略对于社会公众心理的把握和利用情况。

11.2　节俭类告示语语用策略的分类

尽管节俭类告示语旨在鼓励大众厉行节约，但所采取的策略也不尽相同。从我们收集的语料来看，有的节俭类告示语选用的策略比较直接，有的则比较间接。下面我们从直接和间接两个层面入手，分析节俭类告示语所选用的具体策略及不同策略对公众心理的把握情况。

11.2.1　直接型节俭类告示语

直接型节俭类告示语指告示语本身明确要求受众厉行节约。例如：

①请节约用电。
②爱惜粮食，人人有责。

在直接型节俭类告示语中，有的强调节俭带来的好处，有的强调节俭是一种责任、义务等，有的则仅仅号召大众节约，除此之外没有任何其他的语言修饰成分。根据这些观察，我们还可以将直接型节俭类告示语进一步划分为简明类告示语、号召类告示语、结果类告示语、原因类告示语、责任类告示语、荣辱类告示语、复合类告示语等七种类别。

（1）简明类节俭告示语。

简明类节俭告示语，指通过语言手段直接号召大众厉行节约，本身没有其他冗余语言成分修饰。例如：

③请珍惜每一滴水。
④树立人人珍惜、人人节约水的良好风尚。

简明类告示语只由鼓励大众节约的语言成分组成，而没有标识需要节约的原因（如资源紧张）、结果（如共建美好家园）等。

简明类告示语直接程度最高，体现的是告示语发布方的权威身份，将受众置于被动的地位。例如：

⑤节约用水，关“住”点滴。

在例⑤中，告示语的发布方既没有说明为什么受众需要节约，也没有告诉受众践行节约能够带来的好处，而只是告诉受众要节约用水，把水龙头关好。这一生硬的指令方式体现出交际双方不平等的权势关系：告示语的发布方处于支配地位，告示语的受众处于被支配地位。

（2）号召类节俭告示语。

号召类节俭告示语，指通过语言手段明确号召全社会积极厉行节约的告示语，该类告示语有明确的行为主体。例如：

⑥爱惜粮食，从我做起！

⑦全体人民一起来，节约能源做环保。

号召参与型告示语一般由两部分组成：一是节俭告示语本身（如“爱惜粮食”、“节约能源做环保”等），二是明示行动主体的话语（如“从我做起”、“全体人民一起来”等）。

号召类告示语更多关注的是行为的主体，如“我”、“全体人民”、“大家”等。这类告示语强调厉行节约的普遍性，通过指令的方式能够引起人们节约的热情。如在例⑦中，标语发布方通过使用“全体人民”这一话语，号召受众都参与到厉行节约的风尚中来。这类告示语感染性更强，行动主体更明确，更强调全民的参与意识。

（3）结果类节俭告示语。

结果类节俭告示语，指通过语言手段明示厉行节约所带来的好处的告示语，例如：

⑧节能多用心，大家都开心。

⑨节约粮食，人人有利。

⑩爱惜粮食就是爱惜生命。

这类告示语一般包括两个组成部分，一是提倡人们节约的语言成分（如“节能多用心”、“节约粮食”、“爱惜粮食”等），二是节约所能带来的良好结果（如“大家都开心”、“人人有利”、“就是爱惜生命”等）。

部分结果类告示语利用人们的趋利心理，强调节约对受众直接有益，从而达到号召节约的目的。例如：

⑪人人省电，人人省钱。

例⑪利用的就是每个人都希望省钱这一心理，从而倡导大众节约用电。其他类似告示语又如：

⑫节约创造价值，节省就是赢利。
⑬节约的就是利润，消失的就是财富。

需要指出的是，诸如“节约用水就是珍惜生命”也属于此类告示语，因为它利用的是人们一般都珍惜自己的生命这一心理，也强调节约对受众本身有利，从而号召大家像珍惜自己的生命一样珍惜水源。

有的结果类告示语利用的是人们的公共意识。例如：

⑭节能解危机，地球有转机。

上面这一告示语的发布方利用人们希望地球健康这一公共心理，号召大众节约使用能源。其他类似告示语还有：

⑮节约能源，促进人与自然协调发展。
⑯珍惜能源，创造美好环境。
⑰能源来自大自然，节能保护大自然。
⑱节约粮食，造福人类。

有的结果类告示语则诉诸人们的奉献精神。例如：

⑲少开一盏灯，奉献一片情。

上面这一告示语的发布方就把节约和奉献精神两者结合起来，指出厉行节约就是奉献真情，从而说服人们节俭。其他类似告示语有：

⑳万般能源众家省，源远流长照世人。
㉑省下一颗粮食，也许可以救活一个人的生命。

有些节俭类告示语则陈述某种由于不节俭而产生的严重后果，以此警戒公众要厉行节约。例如：

㉒节约好比燕衔泥，浪费犹如河缺口。
㉓不节约用电，世界必然一片黑暗。

㉔如果人类继续破坏和浪费水资源，那么人类看到的最后一滴水将是自己的眼泪。

㉕淡水在减少，浪费可不好。如果不节约，后果可不小。

上述告示语要么运用隐喻的方式指出不节约或浪费的后果（如“河缺口”、“世界必然一片黑暗”、“最后一滴水将是自己的眼泪”），要么直接指出不节约的后果问题（“后果可不小”）。既然没有人愿意看到这些后果的发生，节约、节俭就成为必然的选择。

（4）原因类节俭告示语。

原因类节俭告示语，指通过语言手段明示鼓励人们厉行节约的原因。例如：

㉖水是生命之源，为了你我赖以生存的地球，请节约用水。

㉗若要电费缴得少，节约用电要做好。

这类告示语一般由两部分组成，一是鼓励人们节约的语言成分（如“请节约用水”、“节约用电要做好”等），二是明示鼓励人们节约的原因（如“水是生命之源，为了你我赖以生存的地球”、“若要电费缴得少”等）。

这类告示语通过告知受众节约的原因，以图达到促使他们节俭的目的。如在例㉗中，告示语发布方从受众的利益出发，利用人们都想省钱这一心理，指出如果想少花钱，就需要节约用电。这种站在受众的角度、替受众考虑的告示语，比较容易被接受。

有的原因类告示语则激发人们服从大局的心理取向。例如：

㉘能源是国民经济与社会发展的重要物质基础，节能、节电是国家的一项长期战略。

在上面这则告示语中，发布方通过指出能源对于国家和社会发展的重要性，利用人们一般都会服从国家和社会发展需求的心理，指出厉行节约的必要性。

原因类告示语还会利用人们的公共意识。例如：

㉙世界缺水、中国缺水、城市缺水，请节约用水。

在这一告示语中，发布方通过指出世界缺水这一事实，利用人们关心公共事务的心理，以达到号召节约的目的。

（5）责任类节俭告示语。

责任类节俭告示语，指通过语言手段明示厉行节约是一种责任。例如：

㉚节约用电，人人有责。

㉛节约用水是每个公民应尽的责任和义务。

这类告示语一般由鼓励人们节约的语言成分（如“节约用电”、“节约用水”等）和强调责任的语言成分（如“人人有责”、“每个公民应尽的责任和义务”等）组成。

这类告示语利用人们一般都会尽力完成分配给自己的任务的心理，以达到说服受众厉行节俭的目的。例如：

㉜爱惜粮食，人人有责。

在这一告示语中，发布方通过强调爱惜粮食是每个人的责任，指明节约的必要性，从而试图说服受众践行节约。

（6）荣辱类节俭告示语。

荣辱类节俭告示语，指通过语言手段明示厉行节约给受众的荣誉带来的影响。例如：

㉝以节约粮食为荣，以浪费粮食为耻。

㉞粒米虽小你别扔，勤俭节约留美名。

㉟节约水光荣，浪费水可耻。

这类告示语利用人们都希望受人赞美、褒扬，惧怕别人批评等心理。如在例㉞中，告示语发布方利用人们都希望自己拥有好名声这一心理，号召受众节约粮食。

（7）复合类节俭告示语。

复合类节俭告示语，指告示语不仅号召大众节约，还将上述六种中的两种或者更多的策略运用到同一告示语中。例如：

㊱节约用电是每个公民应尽的责任，也是节省生活开支的内容之一。

在这一告示语中，发布方既利用了人们会尽力完成分配给自己的任务的心理，又利用了人们尽量压缩生活成本的心理，从而试图说服人们节俭。我们将此类告示语归入复合类告示语。

11.2.2 间接型节俭类告示语

有的节俭类告示语没有明确要求受众厉行节约，而是通过语言手段以隐晦的方式指出节俭的必要性。例如：

㊲如果人类继续破坏和浪费水资源，那么人类看到的最后一滴水将是自己的眼泪。

㊳粮食是血汗换来的。

间接型告示语还可进一步划分为暗示类和警示类两种形式。

（1）暗示类节俭告示语。

暗示类节俭告示语，指告示语本身没有直接号召大众节约，而是委婉地暗示节约的必要性。例如：

㊴地球的储水量很丰富，但陆地淡水仅占2.8%，我国属于缺水国家。

㊵一张报纸的价值并不是只有供人们消遣，它的背后同样隐藏着树的悲哀。

在例㊴中，发布方号召大众珍惜水资源、节约用水。该告示语并没有直接通过语言号召大家节约，而是通过暗示的手段，指出我国缺水，希望大众由此推理出节约水资源的必要性。我们将诸如此类的节俭类告示语归入暗示类告示语。

下列节俭类告示语使用运算的方式提示公众不节俭会带来的浪费后果，同样属于暗示类告示语：

㊶一只水龙头一分钟流5升水。

㊷如果每个人刷牙的时候及时关上水龙头，那么一年就可装满109个浴缸。

任何有常识的人看到这样的告示语都会知道，如果任由水龙头不停地流水，其浪费会是多大。

（2）警示类节俭告示语。

警示类节俭告示语，指告示语通过语言手段明确告知浪费资源的害处。例如：

㊸别让眼泪成为地球上的最后一滴水。

㊹“滴答，滴答……”水龙头正在提醒人们：“快点儿拭去我的泪水，不然我的泪水会流干的。”

在例㊸中，发布方警告公众，如果不珍惜用水，将来人们会后悔哭泣的。在例㊹中，发布方则用形象的拟人手法警示公众：如果不随手关上水龙头，将会耗尽所有的自来水。

警示类告示语主要利用人们担心不好事情发生的心理。例如：

㊺浪费粮食是最大的犯罪。

在例㊺中，发布方利用人们都不愿意和不敢犯罪的心理，将浪费粮食和犯罪联系在一起，警告受众不要浪费粮食，从而达到号召节约的目的。

根据笔者在美国、英国、澳大利亚的经历，英语国家中有关节俭的告示语使用频率非常低。在为数不多的告示语中，相关节俭告示语在表述方式上往往都非常直接，例如：

㊻Use it, don’t waste it.（利用，不浪费）

㊼Natural Gas. Energy for your future... and theirs. Use it wisely.（天然气，你未来的能源……也是他们的。请聪明地使用。）

11.3　节俭类告示语语用心理策略的使用频率

尽管以上几种语用心理策略经常出现在节俭类告示语中，但不同策略的使用频次却不尽相同。如表11－1中的统计显示，节俭类告示语对直接型策略的选择明显高于间接型策略。也就是说，人们在节俭类告示语中优先选用直接型策略。

表 11－1　节俭类告示语中不同语用心理策略的使用频次

策略种类		原始频次	百分比（/140）
直接型	简明类	34	24.3
	号召类	12	8.6
	结果类	42	30.0
	原因类	12	8.6
	责任类	8	5.7
	荣辱类	6	4.3
	复合类	1	0.7
	小计	115	82.1
间接型	暗示类	21	15.0
	警示类	4	2.9
	小计	25	17.9

在直接型策略中，结果类告示语的使用比例最高，占总使用频次的30.0%；其次是简明类告示语，约占总使用频次的24.3%；复合类告示语使用频次最低，只占0.7%。由此可以看出，当选用直接型策略时，节俭类告示语主要诉诸人们期盼良好结果的心理，另外大部分则简洁、明了，注重标语的言外之力。

在间接型策略中，暗示类告示语的使用频次明显高于警示类告示语。也就是说，当选用简洁策略时，节俭类告示语主要诉诸人们自己推理出厉行节俭的必要性，而较少选用警告不厉行节约所带来的可怕后果的策略。

11.4　结语

本章以笔者在网络上收集的语料为研究对象，从语言形式和语用策略两个方面分析了汉语节俭类告示语的特征与频次。研究发现：①节俭类告示语平均字符长度为13个字，既具有告示语简洁性的一般特点，又适当考虑了公共用语正式性的需求；②节俭类告示语主要使用了陈述句和祈使句两种形式，但前者的使用频次低于后者；③从宏观上看，节俭类告示语对直接型策略的使用频次明显高于对间接型策略的使用；④从微观上看，节俭类告示语主要使用了结果类、简明类、暗示类等策略，警示类和复合类的使用频次较低。

需要指出的是，受制于研究条件，本章仅仅考察了网络上出现的 140 条节俭类告示语，其研究结果与大街小巷或公共场所常见到的节俭类告示语可能会有一定差异，另也存在语料规模偏小的缺陷，故研究结论的普遍性与科学性仍有待进一步验证。

第12章　环保类告示语的语用心理策略

本章以中国语境下的环保类告示语为研究对象，在分析其语用属性后，基于言语行为理论的分析框架，在间接言语行为和扩展言语行为两个层面上从社会心理角度加以分析，揭示相关社会用语的策略性。

12.1　引言

告示语，又称社会标志语（于伟昌，1998），属于社会管理用语范畴。告示语涵盖的范围很广，凡在公共场合张贴或印刷的旨在为一般公众或特殊群体提供指南、提醒、警示等帮助的宣传性、服务性语言标牌或标语都可归于告示语范畴（陈新仁，2001．58）。请看下面几条关于环保类告示语的实例：

①一只水龙头一分钟流5升水。
②花有意难开口，人有情莫动手。
③禁止在此倒垃圾。
④任何企业必须执行环保条例。

不难看出，上面几条环保类告示语具有简洁明了、目标明确的特征。然而，细心的读者不难发现，这几条告示语设计风格各异，体现了不同的设计理念。例①是一个事实陈述，具有告知性特征；例②通过修辞的手法请求受众莫要动手摘花；例③和例④则语气生硬，直接禁止和命令受众做出某一行为。

社会用语在人们日常生活中应用广泛、俯拾皆是。它是一个相对稳定又不停变化流动的立体交叉的开放体系（周日安等，1992）。作为社会语言学与语用学的研究课题，社会用语已引起学界的关注。关于社会用语的研究主要沿着学科本体探讨和应用研究的两条路子进行。前者集中在对其特征（王建华、袁国霏，1999）和方法论（冯学锋，1994）的研究上；后者则广泛地体现在对警示语（崔达送，1992）、告示语（陈新仁，2001）及其英译（吕和发，2004a、2004b；王银泉、陈新仁，2004；杨全红，2005；戴宗显、吕和发，2005；吴伟雄，2006）的考察上。其研究范围也逐步拓展到特定领域，例如，交通宣传语（潘京安、周毅，2002）、警示类公示语（王彩丽，2005）、汽车车尾警示语（蒋华、王梅，2006；徐桂芝、王丽媛，2006）等。

崔达送（1992）指出有些警示语忽视了交际的对象，即使使用了诸如“请”之类的礼貌标示语，同样产生了令人不快的效果；还有一类公示语，如“禁止吸烟”、“为不危害他人的身体健康，请不要吸烟”，虽无明显不当，但总是不把吸烟者当作一个主体来看待，而是把他们看作教育的对象。笔者认为，警示语要注意社会文明，否则会与维护社会文明的意愿相悖。陈新仁（2001）指出告示语属于社会管理用语范畴。作为一种公告性话语，告示语具有言简意赅、使用范围广、社会功能强等特点。他调查统计了456条物业管理模式下社会告示语的使用状况，并从语言顺应理论的高度分析其语用语言特点及策略取向。潘京安、周毅（2002）从社会语言学视角出发，认为交通宣传语的设计需要彰显公众意识，体现服务宗旨；表达人文关怀，强调人本思想；注重修辞炼句，讲求审美情趣。王彩丽（2005）将警示类告示语的使用情况分为三个阶段：改革开放之前（党的十一届三中全会以前）、改革开放之后（20世纪70年代末期到90年代初）和党的十三届四中全会至今（20世纪90年代初至今），认为当前的警示类告示语策划具有以下四个特点：由直接向间接过渡、遵从礼貌原则、角色屈尊以及幽默诙谐。蒋华、王梅（2006）分析了汽车车尾警示语产生的原因及类型，概述了相关修辞和语用特点。徐桂芝、王丽媛（2006）认为汽车车尾标语以其语言的简洁性和多样性、变异性和幽默性、时尚性和交往性等特点，把安全模式和个性化结合起来，是一种特殊的社会方言。

回顾以上文献，就研究主题而言，尚没有相关研究涉及环保类告示语；就研究的理论框架而言，缺少以言语行为理论为分析框架的研究，而告示语因其言语行为属性和面子威胁属性带有明显的行为取向；在研究方法上，除陈新仁（2001）一文外，大多都采取了描述性的分析方法，缺少实证的数据支撑。鉴于此，本章拟通过实地调查和网络搜索的方法收集语料，并运用言语行为理论微观探讨环保类告示语的语用语言特点以及相关语用策略的使用状况，以期揭示出此类告示语生产的制约因素，以及和谐社会语境下中国社会用语体现的语用和谐特征。

12.2 环保类告示语的语用属性

社会用语的使用一般是为了规范人们的行为，如号召人们遵守公德，禁绝有损于公众的行为（张新红，2000）。环保类告示语作为社会用语的一种，具有社会用语的一般特征，即提供指南、提醒、警示等帮助的宣传性、服务性语言标牌或标语都可归于告示语范畴（陈新仁，2001. 58）。其目的在于唤起读者的环保意识，以实际行动保护环境，创造和谐的生态环境，从而减少或者杜绝危害环境的行为。也正因为如此，环保类告示语的基本属性包括言语行为属性和面子威胁属性。前者意在通过告示类话语达到促使人们做出保护环境的行为，设计者试图通过说话（告示）达到令他人做事（遵守某一行为或者放弃某一行为）的目的；而后者则由于号召、请求甚至禁止读者实施某一类行为而具有面子威胁属性，因为通过说话来做事本质上表达了一种要求他人做事的行为，因此，或多或少损害了他们的消极面子。请看下面的例子：

⑤上项目必须先办环保审批手续。
⑥请您足下绕一绕，花草对您笑一笑。
⑦提布袋购物是一种时尚。

例⑤使用“必须”一词，语气相对强硬，表达了一种行政命令行为，要求上项目就必须办理环保审批手续。这是行政主管部门下达的行政命令，是典型的面子威胁行为（当然，由于行政权的参与，加上针对的是单位而非个人，这种面子威胁似乎不让人觉得很明显）。例⑥为请求言语行为，面子威胁属性相较于例⑤而言有所减弱，而例⑦则是一种告知言语行为，是对某种事实的宣告，具有较轻的面子威胁特征。

12.3 语料收集

本章的语料由两种途径获得。一为田野工作的实地调查，研究者利用2008年寒假的时间调查了南京市鼓楼区和合肥市庐阳区的环保标语；一为网络搜索的方法，我们分别在谷歌（http：//www. google. cn）以及北京第二外国语学院网站上（http：//www. e－signs. info/bisuetc/index. php）进行搜索。在将收集的语料汇总后，我们统计共收集相关语料 239 条，删除重复语料 56 条，得到有效语料 183 条。

12.4　调查结果与分析

12.4.1　直接言语行为与间接言语行为

为了全面反映环保类告示语的言语行为类别，我们从言语行为的直接和间接两个维度对所收集的语料进行分类。直接言语行为是指说话人直接通过话语形式的字面意义实现其交际意图，而间接言语行为则是指通过话语形式取得了字面意义之外的交际效果（如说话人通过表达陈述言语行为“我很惭愧”，实施“道歉”言语行为）。在本章中间接言语行为的话语形式多表现为告知、提问、劝慰和感谢而实际执行了请求的功能，即通过实施一类言语行为间接地实施另一类言语行为，达到以言行事的交际效果。例如：

⑧一块旧手机电池能严重污染六万升水。

告示语设计者通过告知一块旧手机电池能严重污染六万升水的事实，以引起受众对此关注，从而避免随意丢弃旧手机电池的行为。

⑨小草有情，踏之何忍。

上例即通过提问的方式表达对小草的同情，设计者首先将小草描述成一个有生命的物体，然后发问“踏之何忍”，从而请求读者绕道而行，莫要践踏草坪。下面的劝慰类则是比较直接的请求方式。例如：

⑩劝君莫打三春鸟，子在巢中望母归。

感谢类则有别于以上三类，原因在于在对方还没做出值得你感谢的事情之前即提前表达了感谢的意愿。例如：

⑪感谢你对花草的爱惜。

感谢类是在受众没有做出相关行为之前，设计者便首先表达了其感谢之情，通过事先的感谢来感染、影响对方，进而获得所需的支持、帮助、合作等（陈新仁，2001）。

上面这四类通常称为非规约性间接言语行为（non-conventional indirect speech acts）；而对于规约性的间接言语行为（conventional indirect speech acts），说话人和听话人则很难察觉出其在字面上的施为用意，原因在于其已经内化为惯常使用的标准格式。例如：

⑫Could you be a little more quiet?

这些话语字面的意义在于表达了询问和陈述言语行为，并没有实施指令类，比如，请求言语行为。然而，按照常规，听话人都会自然地理解为请求，这一点可以通过在句末或者主动词前插入 please 得到验证。

⑬Could you please be a little more quiet?

也正因为如此，一旦 please 在这类句子中出现，其本身也就直接表达了请求的以言行事行为。随着人们经验化体验和感知事物，即使在没有“请”出现的情况下，人们依然将这一类句子理解为“请求”，例如：

⑭来也匆匆，去也冲冲。
⑮脚下留青。

本章所收集的直接言语行为的四小类均属于指令性以言行事行为，这表明了环保宣传语的指令性规范性特征。统计结果如表 12 -1 所示。

表 12 -1　环保类告示语言语行为分类统计表

行为类型	数量	百分比	实例举隅
禁止	3	1.6%	禁止践踏草坪
命令	6	3.2%	任何企业必须认真执行环保条例
祈求	33	17.6%	请爱护环境 请勿折断小草的臂膀

（续上表）

行为类型	数量	百分比	实例举隅
宣传	80	42.8%	污染环境，千夫指；保护环境，万人颂
间接	65	34.8%	为什么受伤的总是我？
合计	187	100%	

禁止类言语行为通过直陈强制性措施以阻止公众某种特定的违反环保行为的发生。禁止类告示语的语用语言特点表现为祈使句式以及“禁止”、“严禁”等字眼的使用（陈新仁，2001）。环保类告示语禁止类言语行为所占比例最少，仅为1.6%，这说明了环保类告示语的设计者更多地关注文明、礼貌特征。命令类言语行为旨在通过强制性指令要求公众遵守某种社会规范。其语气比较强硬，受话人没有更多的选择余地。在所收集的语料中，发出这类指令的话语生产者带有官方的声音或者机构话语的声音。例如：

⑯上项目必须先办环保审批手续。
⑰西部开发，环保先行。
⑱任何企业必须执行环保条例。
⑲谁污染，谁治理；谁开发，谁保护。

这一类命令性言语行为的受众并非广大公众，而主要是指生产性的企业，一般带有行政上的隶属关系。

祈求类言语行为的语力明显要比以上言语行为轻，其语气要弱一些，留给受话人选择服从或拒绝的回旋余地较大，在对受话人的消极面子有所威胁的同时，采取了“请”、“请勿”等语用语言策略而使之有所缓和，达到了在同一话论内相对的“语用平衡”（陈新仁，2004b）。

⑳请勿浪费水资源。
㉑请勿攀折花木。
㉒请选用无磷洗衣粉。

宣传类言语行为带有一定的号召性，呼吁公众加入环保的行列。

㉓保护环境，多一份生命保证。

㉔珍惜一草一木，热爱美好家园。
㉕人美，街美，城市美；靠你，靠我，靠大家。

语言上一般带有一定的修辞色彩，以唤起公众的注意与共鸣。

㉖请弯一下腰，让垃圾去它自己该去的地方吧。
㉗把欢声笑语留下，把瓜壳果皮带走。

12.4.2 扩展言语行为层面分析

Ferrara（1980）认为人们在实施言语行为时并不总是使用单一的言语行为，相反，言语交际中经常出现言语行为序列（另见何自然、陈新仁，2004；陈新仁，2009a）。Blum－Kulka（1984、1989）及 Wood & Kroger（1994）所提供的分析言语行为的三个层面，则指出一个言语行为通常又由中心言语行为（Central Speech Act，简称 CSA）、辅助言语行为（Auxiliary Speech Act，简称 ASA）和修饰语（Microunit）构成，但是每个语义成分在实现特定言语行为时并非同等重要（Blum－Kulka et al.，1984、1989），其中中心言语行为是实现拒绝言语行为的中心，辅助言语行为用以辅助拒绝言语行为的实现，修饰语则用以修饰中心言语行为和辅助言语行为（王爱华，2001）。请看下例抱怨言语行为（袁周敏，2007）：

（语境信息：因为老师加分失误，说话人意图表达抱怨）
㉘Good morning，Mr. Smith，I am sorry to bother you，but would you like to look at the paper? Thank you.

上例抱怨言语行为中，说话人首先实施寒暄言语行为，接着表达歉意，进而提出请求并作出致谢。其话语组织模式为：寒暄＋道歉＋请求＋致谢。我们不难看出其中心言语行为表达了请求，辅助言语行为包括道歉和致谢，而寒暄则执行了修饰语的功能。这个言语行为序列最大限度地减轻了面子威胁程度，同时又较好地传达了说话人的交际意图。那么以上比较普遍的现象是否出现在环保告示语当中呢？

在我们所调查的语料中，修饰语仅出现一次。例如：

㉙“滴答，滴答……”水龙头正在提醒人们：“快点儿拭去我的泪水，不然我的泪水会流干的。”

A. 修饰语：滴答（拟声词）

B. 辅助言语行为：水龙头正在提醒人们（宣告）

C. 中心言语行为：快点儿拭去我的泪水，不然我的泪水会流干的（祈求）

该例也是所收集语料中言语行为层面三分法同时出现的唯一一例。

与日常话语言语行为不同的是，告示语中除了以上三种组合外，还有一种是重复出现同一种主言语行为，以加强以言行事的语力。例如：

㉚垃圾混置是垃圾，垃圾分类是资源。

㉛呵护花木，关爱生灵。

我们对所收集的语料从言语行为层面的组合方式入手进行了统计，请看表 12－2：

表 12－2　环保类告示语言语行为层面分析

扩展言语行为层面	CSA + ASA + Microunit	CSA + CSA	CSA + ASA	CSA	合计
数量	1	41	42	103	187
百分比	0. 53%	21. 93%	22. 46%	55. 08%	100%

单一中心言语行为所占的比例较高，解释了告示语的简洁性以及宣传类言语行为出现的高频率特征，与此相对应，言语行为三个层面同时出现的低比例进一步验证了环保类告示语的简明扼要之特性。在一条告示语中同一中心言语行为多次使用解释了其语言的工整性与修辞性；而中心言语行为与辅助言语行为的共现说明了祈求类与宣传类告示语所占比例较高的原因，因为辅助言语行为的使用减轻了面子威胁的程度，增加了其间接性与礼貌程度，体现了新时期环保类告示语关注社会文明、尊重受众心理感受、追求语用和谐交际效果等特点。

12. 5　结语

社会用语是一个平面镜，能够直观地反映当前中国时代发展和语言发展的概况。环保类告示语作为社会用语的一个重要组成部分，反映了我国政府和公众在当前工业化社会快速发展的同时对环境保护的重视，以及物质文明建设和精神文明建设的协调发展。我们或许能够从中管窥和谐社会建设语用和谐发展的一个侧面。从内容来看，环保类告示语主要集中在水、大气、野生动物、森林（包括草坪花草）、垃圾处理、汽车尾气等，这体现了当前中国的环保主题。言语行为分析表明此类告示语的生产者大量借助宣传类以及间接言语行为以引导和暗示公众遵守某些社会规范，言语行为层面的研究即大量主言语行为及其与辅助言语行为的配合使用也证实了这一点。其语篇生产者运用这些语用策略一方面力图最大限度地传达信息，另一方面也体现了其人本主义理念，反映了和谐社会构建大背景下人们追求语用和谐的社会心理。

第13章 安全类告示语的社会心理取向

本章将安全类告示语纳入研究视野，融合礼貌原则与语言顺应论，探究该类社会用语中礼貌准则的应用以及礼貌等级的差异性选择，以实例阐释安全告示语中的语言顺应表现和社会心理诉诸。

13.1 引言

告示语又称公示语、标识语、标志语（下文中统一用告示语），是社会用语的一个重要组成部分（陈新仁，2001），其使用体现了民族心理、行为规范和价值观念等各种社会文化因素。告示语应用领域广，且内容丰富。其中，安全类告示语涉及公众的生命和财产安全，在日常生活、社会管理和普及安全知识等方面具有关键作用。安全类告示语广泛用于各类公共场所，包括交通、旅游、服务等窗口行业，主要发挥提示、警示和指令等社会职能。

近年来，不少语言学家从翻译和语用学的角度对告示语进行分析。具体而言，有的研究告示语的翻译策略（贺学耘，2006；刘建刚、闫建华，2005；粟长江，2003；赵湘，2006；朱琳，2006）或翻译失误（陈淑莹，2006；王银泉、陈新仁，2004；于伟昌，1998；张新红，2000），有的研究各类汉语告示语的语用特征（陈新仁，2001；王彩丽，2005）。相比而言，人们对翻译的关注多于对汉语告示语本身规律及其交际意图的探讨，对不同类别告示语的研究则更是寥寥无几。

基于以上研究背景，本章将从礼貌原则和语言顺应论的角度，对公共场所安全类告示语的特定表达方式进行讨论，以期发掘其背后的动机、策略及其体现的心理因素，从而为社会用语的得体性和效用性提供参考。

13.2 语料收集与分析

本章的语料全部来源于江苏省质量技术监督局近日发布的《江苏省公共场所标识中英文译写规范》（征求意见稿）（以下简称《规范》）。笔者参与了该规范的相关调研、语料收集和标识译写工作。

为了了解安全类告示语这一特定告示语的使用特点、规律及影响其在不同场合表达方式的心理和文化因素，我们对原始汉语语料进行了如下筛选：

首先，从《规范》的“公共场所通用标识”中提取了三类与公众生命财产安全最直接相关的信息，即提示、警示和指令类信息，删除了其中不涉及安全的部分（例如“保持安静”、“请勿拍照”和“请勿随地吐痰”等）。

其次，我们对《规范》中的七类细则逐一进行审查，确定其中四类包含安全类告示语，即道路交通类、旅游景点类、医疗卫生类和商场服务业类。本章将对这四类不同公共场所的安全类告示语进行比较。

经过筛选和统计，用于本章的安全类告示语共计 128 条，其中通用类 51 条，不同场所特有类 77 条（详见附件），内容一致但措辞不同的告示语算作一条。分类数据见表 13 –1：

表 13 –1　告示语分类统计

类型	次类	条数	百分比
公共场所通用告示语	提示信息	27	52.9%
	警示信息	17	33.3%
	指令信息	7	13.7%
	合计	51	100%
不同场所特有告示语	道路交通	42	54.5%
	旅游景点	20	26.0%
	医疗卫生	4	5.2%
	商场服务业	11	14.3%
	合计	77	100%

以下将分别从礼貌准则和语言顺应论的角度对这些安全告示语进行具体分析。

13.3 安全告示语与礼貌准则

告示语不同于日常对话交流，其使用是单向而非双向的，即一方（管理者）运用礼貌准则将信息传达给另一方（公众）。也正因为管理者无法根据公众的反应对交际内容作进一步调整或沟通，其礼貌程度更直接关系到交际的效果。以下将从礼貌准则的应用和礼貌等级的差异两个方面分析安全告示语的礼貌性。

13.3.1 礼貌准则的应用

Leech 于 1983 年最早提出了礼貌准则，包括策略准则、宽宏准则、赞扬准则、谦虚准则、赞同准则和同情准则，被广泛用于解释语言交际中的各种现象。

我们发现，很多汉语安全类告示语的使用体现了 Leech 的“策略准则”（即尽量少让他人受损，尽量多让他人受惠）和“同情准则”（即尽量少反感他人，尽量多同情他人）。例如，“请您保管好自己的物品”、“紧握扶手”、“当心碰撞”等温馨提示表达了希望公众维护自身生命财产安全、避免不必要损失和伤害的宗旨；而“小心滑倒”、“当心夹手”、“紧急时击碎玻璃”、“危难时请速报 110”等则表达了对告示对象人身安全的点滴同情与脱险帮助。安全告示语如果能够让公众感觉获益且得到同情，并因此去遵守提示、警示和指令的要求，那么它们就发挥了其应有的作用。

然而，与 Leech 提出礼貌准则的背景不同，汉语中礼貌的运用受到了中国传统文化的影响。顾曰国（1992）在 Leech（1983）的基础上提出了汉语中制约交际的准则，即贬己善人、称呼准则、得体准则、慷慨准则、文雅准则、求同准则和德言行准则，相比而言更加适应中国语境。他还指出，礼貌在汉语中有四个基本要素：尊敬他人、谦虚、态度热情和温文尔雅。

从我们收集的语料来看，很多公共场所通用安全告示语都体现了对人的尊敬和关心，尤其是提示类信息，例如“出口请慢行”、“请将您的车辆锁好，以免失窃”、“请勿让孩子独自搭乘电梯”等。此外，中国文化还讲究“合作”（林新明，2004）和趋同，因此就出现了“请排队等候入场”、

“请遵守场内秩序”和“请下车推行，谢谢合作”这类在西方鲜见的安全告示语。

13.3.2 礼貌等级的差异

礼貌的程度也决定了礼貌等级。根据 Leech（1983）提出的礼貌等级原则，损益程度、选择程度、间接程度和社会距离尺度影响社会用语的礼貌级别。本章所研究的安全类告示语相对口语交际显得更为间接，管理者和公众社会距离较大，而其书面性和内容的重要性则决定了“礼貌标志语”（陈新仁，2001）的频繁使用。具体而言，安全告示语的礼貌标志语从“请您”至“严禁”构成了一个礼貌等级的连续体（如下），越靠近左端礼貌级别越高：

请您⟶请/请勿⟶小心⟶当心⟶注意⟶勿⟶不得⟶禁止⟶严禁

经比较，这些标志语中礼貌级别较高的（如“请您”、“请”、“请勿”等）常用于提示和指令类信息，而级别低的（如“注意”、“严禁”等）则较多出现在警示类信息中。这是因为用词的礼貌级别往往源自不同的需要以及安全级别，警示信息因涉及内容危险性较强，且一旦危险发生情况更显紧急，因而倾向于使用比较直接而有力的措辞，相比而言，提示指令类信息可以在语气上显得和缓委婉一些。

有时，同样的内容在各公共场所存在不同的表达方式，也体现了其礼貌级别的差异。例如，关于禁烟问题，有如下提示（根据礼貌等级从高到低依次排列）：

①为了保持舒适及安全的购物环境，请勿在商场内吸烟。
②请勿吸烟。
③禁止吸烟。
④严禁烟火。

关于保管财物：

⑤请您保管好您的物品。
⑥请照看好您的物品。
⑦请保管好自己的财物。
⑧贵重物品请自行妥善保管。
⑨贵重物品，随身携带。

关于走台阶：

⑩下台阶时请您小心。
⑪小心脚下。
⑫小心台阶。
⑬当心踏空。
⑭注意台阶。

这些内容相近、礼貌级别不同的告示语在公众眼中可能具有不同的意义，会产生不同的效果。级别较高的让人感觉亲切和备受尊重，而级别较低的则能迅速提高人们的警惕性和安全意识。

13.4 安全告示语与语言顺应

本部分从语言顺应论（Verschueren，1999）的角度对安全告示语的语境和对象目标选择进行讨论。按照这一理论，为了达到特定的交际意图，语言使用会顺应交际环境，选择不同的语言形式和策略；也会顺应交际对象的心理世界，包括特定的期盼、兴趣、背景知识和思维方式等。

13.4.1 语境选择

安全告示语中对语境的顺应体现在不同场所语言使用的差异。通过比较道路交通、旅游景点、医疗卫生和商场服务业四类场所，我们发现，前三类场所的告示语以警示为主，简洁明了，语气也显得较为直接甚至威严，其中以道路交通为最。试举例如下：

道路交通：陡坡减速；禁止超载；严禁酒后开车；追尾危险。
旅游景点：禁止狩猎；请您穿好救生衣；严禁攀登。
医疗卫生：当心射线；锐器！请注意；生物危险，请勿入内。

道路和交通场所中使用的安全告示语在所有公共场所中数量最多，因为交通与人们的日常工作生活和生命财产安全息息相关，车祸是现代文明的第一杀手，因此交通安全意识必须深入人心。不管是国际通用（如“保持车距”、“事故多发点”）还是中国特有（如“请勿与司机闲谈”、“注意站台缝隙”）的告示语，都体现了对人们行车与乘车安全的细致提醒和警告。旅游景点的告示语也大多是提示游客注意交通与冒险活动安全，防止意外发生。医疗卫生场所是治病救伤的地方，因此包含安全的内容很少，但一旦涉及，危险性往往较高。

相比之下，商场服务业是一个休闲消费场所，其安全告示语因为涉及内容安全警戒性较低（如财产安全和人身安全），多数顾客也有充足的时间阅读，所以语句较长，语气和缓而恳切，不会使前来消费的对象产生抵触情绪。例如：

⑮为了保证您的利益——为了给您提供一个安全的购物环境，商场内配备了闭路电视监控录像系统。

⑯温馨提示：前方正在整理货架，此购物通道被暂时封闭，为了您的安全，请稍后再进入此区。

由此可见，安全告示语句式、句长和语气的选择在很大程度上顺应了其语境需求和交际意图，通过必要的语言手段达到不同性质、级别的提示和警告公众注意安全的效果。

13.4.2 对象目标选择

总的说来，安全告示语的服务对象是大众，包括各类消费者和接受管理者、服务者。管理者对于这些群体是一视同仁的。但有时为了顺应不同对象或目标，安全告示语也会在语言使用上有所不同。

何自然（1997）指出，告示语常常用于实施四种行为：禁止、祈求、宣传和告知。其中宣传性告示语未在四类公共场所的安全告示语语料中发现，另外三类则比比皆是，且因其对象不同而有所差异。表 13－2 列出了分类统计数据：

表 13－2 安全告示语的言语行为分类

管理对象	禁止性告示语	祈求性告示语	告知性告示语	合计
司机与乘客（交通）	11（26.2%）	7（16.7%）	24（57.1%）	42（100%）
游客（旅游景点）	13（65%）	7（35%）	0（0%）	20（100%）
患者（医疗卫生）	1（25%）	2（50%）	1（25%）	4（100%）
顾客（商场服务业）	6（54.5%）	4（36.4%）	1（9.1%）	11（100%）
合计	31（40.3%）	20（26.0%）	26（33.8%）	77（100%）

从表 13－2 的数据综合看来，表达禁止、祈求和告知这三种言语行为的安全告示语在总体分布上并无太大差异。但是，值得一提的是交通场所的司机、乘客与旅游场所的游客这两类管理对象。

驾驶人员一般已具有较高的安全意识，并且时时处于谨慎状态，因此他们在驾车过程中更需要了解的不是禁止或祈求性语言，而是关于路面地形状况的相关信息，例如“道路两侧变窄”、“多雾路段”、“前方弯道”、“无路灯路段全长 9km” 等。这类告知性告示语占了所有交通类告示语的 57.1%。它们的使用顺应了司机的心理和需求，既一目了然，又在第一时间提供了有效帮助。

而对于广大游客而言，安全当然至关重要。然而不同于驾驶人员早已熟知交通规则，游客对于在不同景点能够做什么、不能做什么并不十分清楚，因此需要管理者在告示语中作出关于禁止和祈求的指导，例如“殿内请勿燃香”、“高血压、心脏病患者以及晕车、晕船、酗酒者请勿乘坐”、“请您穿好救生衣”、“严禁倚靠” 等。

此外，安全告示语所提及的安全内容还存在两种可能：一种是为告示对象自己的生命、财产安全考虑（如“当心触电”、“勿推童车乘梯”），另一种是请告示对象为他人或集体的安全考虑（如“请遵守场内秩序” 以及“非火警时请勿挪用”）。由于后者需要告示对象的配合，因此在措词上礼貌级别均较高，几乎总是包含“请”、“请勿” 甚至“谢谢合作” 的字样。看到这样的语言，告示对象感觉得到了尊重，会更加乐意实施相应的行为。这也是告示语为顺应其管理目标而选择语言的结果。

13.5　结语

通过以上分析，我们得出以下主要结论：

（1）汉语安全类告示语的应用体现了礼貌原则中的“策略准则” 和“同情准则”，以及中国文化所推崇的尊敬、关心与合作理念。其礼貌级别则反映在礼貌标志语的使用上，因信息涉及的安全级别高低而有所差异。其中警示信息的礼貌级别低于提示和指令信息。

（2）汉语安全告示语为顺应不同语境和对象在语言上选择了不同的策略，以实施各种言语行为，获得保障人民安全的不同效果。具体而言，交通、旅游和医疗场所以警示信息为主，语气较商业场所更加直接，语句也较短小；面对司机和乘客的交通安全告示语包含大量告知性信息，为出行提供指南；而针对游客的旅游安全告示语则由禁止和祈求性信息构成，指导游客的安全行为。

综上所述，本章所研究的汉语安全类告示语遵循礼貌准则和语言顺应理论，符合中国文化特点，适应了公众的心理需求，也初步体现了“以人为本，安全第一”的管理和服务理念。如能大力推广，适当增加各种公共场所的安全告示语，且以更加人性化的方式展现给公众，将更有助于推进我国的社会语用建设意识和水平。另外，后续实证研究还可对各类安全告示语的出现频次进行统计和分析，以期进一步了解其使用特点。

附件1：公共场所通用告示语

一、公共场所通用提示信息

1. 安全提示
2. 出口请慢行
3. 贵重物品，随身携带/贵重物品请自行妥善保管/请照看好您的物品/请保管好自己的财物/请您保管好自己的物品
4. 紧握扶手
5. 禁止翻越
6. 禁止燃放烟花爆竹
7. 禁止吸烟/请勿吸烟
8. 禁止携带易燃易爆物品
9. 请按顺序排队/请按顺序出入/请排队等候入场
10. 请将您的车辆锁好，以免失窃
11. 请勿堵塞
12. 请勿挤靠
13. 请勿跨踏（自动扶梯入口处）边缘
14. 请勿跨越
15. 请勿让孩子独自搭乘电梯
16. 请勿手扶
17. 请勿推摇
18. 请下车推行，谢谢合作
19. 请遵守场内秩序
20. 勿将头探出
21. 消防通道，禁止停车
22. 消防通道，请勿占用

23. 小心/注意安全
24. 小心玻璃
25. 小心滑倒/小心地滑
26. 小心脚下/注意台阶/小心台阶/当心踏空/下台阶时请您小心
27. 注意上方/小心碰头

二、公共场所通用警示信息

1. 当心触电 /有电危险
2. 当心火灾
3. 当心夹手
4. 当心碰撞
5. 仅供紧急情况下使用
6. 请勿乱动开关
7. 危险，请勿靠近
8. 危险物品
9. 严禁明火
10. 严禁携带易燃易爆等危险品
11. 严禁烟火
12. 严禁倚靠
13. 有害气体！注意安全
14. 遇有火灾请勿乘坐电梯
15. 注意安全，请勿靠近
16. 注意防火
17. 专业设备，请勿触摸

三、公共场所通用指令信息

1. 非火警时请勿挪用
2. 紧急时击碎玻璃
3. 紧急情况请拨打 × × ×
4. 仅供紧急情况下使用
5. 请按按钮报警
6. 危难时请速报 110
7. 只用于紧急出口。推动此门，警号即响

附件2：不同场所特有告示语

一、道路交通标识

1. 按下红色按钮，绿灯亮时对准话筒报警
2. 保持车距
3. 本车今日已消毒
4. 车内发生紧急情况时，请按按钮报警
5. 道路两侧变窄
6. 道路右侧变窄
7. 道路左侧变窄
8. 堤坝路
9. 陡坡减速
10. 多雾路段
11. 禁止超高
12. 禁止超载
13. 禁止驶入/严禁通行/禁止入洞
14. 禁止跳下
15. 路面结冰
16. 落石
17. 明槽路段
18. 爬坡车道
19. 其他危险
20. 前方500m进入无路灯路段
21. 前方弯道
22. 请勿挤靠车门，以免发生危险
23. 请勿疲劳驾驶
24. 请勿与司机闲谈
25. 请系好安全带
26. 软基路段
27. 深槽路段
28. 事故多发点
29. 为了行车安全，请勿打扰司机
30. 无路灯路段全长9km

31. 严禁超速
32. 严禁酒后开车
33. 严禁携带危险品进站乘车
34. 硬路肩
35. 雨雪天气请慢行
36. 重要水体，谨慎驾驶
37. 注意横风
38. 注意行人
39. 注意站台缝隙
40. 专心驾驶　谨防追尾
41. 转弯慢行
42. 追尾危险

二、旅游景点

1. 打开安全杆
2. 殿内请勿燃香
3. 风力较大，勿燃香，请敬香
4. 高血压、心脏病患者以及晕车、晕船、酗酒者请勿乘坐
5. 关上安全杆
6. 禁止开窗
7. 禁止狩猎
8. 禁止游泳
9. 酒后不能上船
10. 请放下护栏
11. 请您不要坐在护栏上边
12. 请您穿好救生衣
13. 请您注意上方
14. 请抬起护栏
15. 请勿将手臂伸出窗外
16. 严禁滑冰
17. 严禁攀登
18. 严禁倚靠
19. 严禁中途下车
20. 1 米以下儿童需家长陪同乘坐

三、医疗卫生

1. 当心射线

2. 进入实验区，请穿好工作服

3. 锐器！请注意

4. 生物危险，请勿入内

四、商场服务业

1. 密码单妥善保管，请勿示人

2. 为了保持舒适及安全的购物环境，请勿在商场内吸烟

3. 为了保证您的利益，为了给您提供一个安全的购物环境，商场内配备了闭路电视监控录像系统

4. 温馨提示：前方正在整理货架，此购物通道暂时封闭，为了您的安全，请稍后再进入此区域，谢谢合作

5. 勿推童车乘梯

6. 勿携货车乘梯

7. 消防卷闸门下禁止堆放物品

8. 易燃易爆、易腐蚀等违禁物品不得寄存（如：汽油、鞭炮、化学试剂等）

9. 营业结束前请取走您的物品

10. 照顾孩童

11. 自助寄包自存自取，免费寄存，方便购物，如有失窃，请速报警报险

第14章　车尾语的社会心理探析

本章聚焦于现代生活中常见的车尾语，从言语行为理论对其加以语用阐释，开展车尾语的社会心理语用分析，呈现车尾语的人际因素考虑、身份诉诸、深层动机、心理倾向和社会心理策略。

14.1　引言

车尾语是近年来较为流行的一种汽车文化，具有十分丰富的社会属性和社会功能。车尾语的主要语用功能是提醒后面的司机注意、不要催促、保持车距等。请看下面几条车尾语：

①上帝无所不在，在这里见到的机会更多一些。
②向老司机致敬！
③同是天涯行车人，相逢千万别相吻。

以上几例车尾语都是提醒或提示后面的司机注意车距、请勿离得太近，以防追尾。但是，这种提示并没有明说，是一种间接言语行为（Searle，1969）。例①的言外之意是，如果你不注意，在这里很容易去见上帝，所以请后面的车主开车注意。例②则是另一种情况，由于使用了礼貌策略，向对方致敬，增加了车主之间的和谐，一般情况下，大家会相互礼让。例③套用了一句诗，以善意友好的方式提醒后面的车主小心、切勿追尾。可以看出，这些车尾语都是十分有趣的社会心理现象。最关键的问题是：其产生和理解的社会心理机制是什么？

近年来，已经有学者分析车尾语的语言特征和车尾语的形成因素。例如，蒋华、王梅（2006）探讨了车尾语的类别和形成原因。该研究主要是对所搜集到的车尾语的语言特点进行分析，并作进一步的分类。徐桂芝、王丽媛（2006）撰文专门论述了车尾语的语言特点，即简洁性、多样性、变异性、幽默性、时尚性和交往性。不难发现，以上研究多是对车尾语字面意义的解读。刘性峰（2011）以“言语行为理论”为理论框架探讨了车尾语的语用属性，即大多数车尾语属于间接言语行为，“提示或警示后面的司机当心、注意”是车尾语的主要交际目标。

回顾以上文献，在为数不多的车尾语的相关研究中，研究视角主要停留在对车尾语语言特点的分析和对其语用属性较为宽泛的探讨上。虽然后者使该现象的研究比字面意义的研究前进了一大步，但是，还不够深入，研究视角比较单一，较少从社会心理的维度进行探讨。本章将从一个新的视角，即社会心理语用维度探讨车尾语的使用和理解。

14.2　车尾语的语用属性

14.2.1　车尾语与言有所为

英国哲学家 J. Austin 将话语分为言有所述（constative）和言有所为（performative）。前者陈述一个事实，是能够验证的，如例④；就后者而言，说话就是做事，不存在真伪，只有恰当与否，如例⑤。

④ 天很冷。
⑤ Shoot her!

后来，Austin 将该理论进行了改进，将人的言语行为分为以言指事（locutionary act）、以言行事（illocutionary act）、以言成事（perlocutionary act）。其中，“以言行事”指实施“说话”这一行为所要达到的目的，即说话者的交际意图。这种交际意图就是说话者的说话动机。

以言指事：He said to me ‘Shoot her’.

以言行事：He urged me to shoot her.

以言成事：He persuaded me to shoot her.（Austin，1962/2002. 101 ~ 102）

他认为，所有的话语都是言有所为，如例④，这句话从字面义来看是在陈述一个事实，但是如果放到下面的语境中，其语用功能就会发生变化：两个学生在教室里看书，天气寒冷，但窗户却开着，学生 A 坐在窗边，学生 B 距窗较远，学生 B 对学生 A 说这句话，很显然，是让 A 把窗户关上。在例⑤中，“Shoot her!”是说话人说出的“以言指事”，其目的，或者说，该行为的功能是催促“我向她射击”，其结果是他说服“我向她射击”。

根据调查和统计，90%以上的车尾语仅从字面是无法解读其意义的，需要对其以言行事加以分析。如例⑥：

⑥驾校除名，自学成才。

该标语乍看上去好像只是在陈述一个事实（constative），说该车的司机在学车期间被驾校开除，然后自学，后又获得驾照。但是，这里表达的是暗含义，听话人要结合具体的语境经过一定的推理，才能知道其目的：让后面的司机小心，注意保持车距，以防撞车。可以说，这种言语行为其实不只是陈述事实，而是请求、警告等，是一种言语行为，按照Austin的话说，就是“说话就是做事”。同时，这也证明了Langacker的观点：语言的意义不是被装在语言这个容器里面的，意义是由语言、心理和上下文共同引发的。这也是语用意义的本质：具体交际中的意义不是字典意义或字面意义，而是交际意义（communicative meaning），即交际过程中，语言是意义的触发器，交际双方根据语言的传统意义、当时的语境、心理，以及社会规约等因素来构建语言的交际意义。

本章所收集的车尾语绝大多数属于提醒、警示作用的言语行为，少数为非提醒、警示类标贴。如表14-1所示：

表14-1　车尾语言有所为分类统计表

言有所为类别	数量	占总数比例	实例举隅
提醒、警示	145	96.7%	驾龄两年，第一次摸车！看着办
非提醒、警示类	5	3.3%	漂亮不是我的错
总计	150	100%	

以上数据表明，96.7%的车尾语为提醒、警示语，只有极少数（3.3%）的车尾语是为了其他目的而贴，如好玩，或张扬个性。表14-1也表明，绝大多数车尾语的语用属性是起到提醒、警示作用的言语行为，即言有所为，提醒、警示后面的司机注意保持车距，防止撞车。

14.2.2　车尾语与间接言语行为

日常对话中经常有语言形式和语用功能不一致的时候，Searle认为这种语言现象实际上是“通过实施另一种言语行为来间接地实施某一种言语行为”。Searle 认为，交际者在使用间接言语行为时，实施了两种言外行为：首要言外行为（primary illocutionary act or indirect force）和次要言外行为（illocutionary act or literary force）。首要言外行为是交际者说话的真正意图，这种意图仅靠字面意义是较难推断的，需要听话人依据具体的语境和交际双方共知的知识（mutual knowledge）来推断。如例⑦：

⑦A：Can you pass me the coffee?
B：Here you are.
A：Thanks.

例⑦中说话人 A 并不是问 B 是否具有把咖啡递给他的能力，而是请求后者帮忙把咖啡递给他。这个话语实际上是一个用以表达“请求”这个言语行为的典型结构。问话者是通过一个言语行为“询问”来间接地实施另一个言语行为，即“请求”。这种现象被称为“间接言语行为”。

车尾语多属间接言语行为，如例⑧：

⑧年龄 60 岁，驾龄 60 天。

这个车尾语从表面上看，是陈述句，陈述司机年龄和驾龄，并且该陈述大多不符合事实，有些夸张的成分。但是，实际上该车尾语的目的是请求后面的司机多多包涵，不要催促，因为自己年龄大，又是新手，技术不过硬。虽然从表面上看，该车尾语是陈述句式，但却起到了“祈使句”的功能。很显然，这种车尾语其实是一种间接言语行为。

本章对前面收集到的 145 条具有提醒、警示功能的车尾语按照“禁止、警告”、“请求”和“间接”三类作了进一步分类，统计结果如下：

表 14－2　车尾语言语行为分类统计表

行为类型	数量	占总数比例	实例举隅
禁止、警告	16	11%	越按越慢，再按熄火
请求	32	22%	爱我，追我，别吻我
间接	97	67%	路考五次不及格
总计	145	100%	

结果发现，收集到的车尾语大部分（67%）属于间接言语行为，大多

数车主选择具有间接言语行为属性的车尾语，主要是由于间接言语行为比直接言语行为（如禁止、警告类的车尾语）更有礼貌，可以弱化直接言语行为的冒犯、威胁程度。如例⑨要比例⑩更能让人接受，后者明显是一种警告，甚至威胁，冒犯了其他交际者的面子，不容易让人接受。例⑪以一种有些幽默的形式，间接地告诉后面的车主，请小心驾驶，不要离得太近。

⑨告诉你个秘密，我的证是找熟人办的。
⑩坦克杀手，来者不拒。
⑪大龄女司机，请多关照。

另外，有22%的车尾语是“请求类”的，这些车尾语多为礼貌、客气用法，如例⑪。少数车尾语（11%）口气较为生硬，以一种禁止，甚至警告的方式告诉后面的车主保持车距，勿乱按喇叭等，如例⑫：

⑫我是黄鼠狼，离我屁股远点。

14.3　车尾语的社会心理分析

14.3.1　车尾语的人际因素考虑

为了维系人与人之间良好的社会关系，交际者会采用一定的策略，如利用礼貌、幽默等手段维系双方的人际关系。这反映了说话人希望维系良好社会关系的心理。Leech（1983. 131）把礼貌看作是交际一方对另一方的态度，所以往往涉及“自我”和“他人”之间的社会关系。礼貌还可以保持人与人之间关系融洽与和谐，消除抵触，促成合作（顾曰国，1992. 11）。礼貌被视为一种策略，可以实现许多目标，如促进或维系人与人之间的和谐关系（Thomas，1995/2010. 157～158）。请看下面的例子：

⑬向老司机致敬！
⑭我是新手，请让让我。

以上两例车尾语都运用了礼貌策略，前者使用了“向……致敬”，采用的是“赞誉原则”，即尽量多赞誉别人。后者使用了“请”，使用了

“谦逊原则”，即“尽量少赞誉自己，尽量多贬低自己”，并给出了理由：我是新手。就例⑬而言，其社会心理反映的是，您是老司机，经验丰富，而我是新司机，开车没有经验，请让让我，不要按喇叭催促。例⑭反映了同样的社会心理。看到这种车尾语，后面的司机在遇到前面的车开得太慢的情况时，估计不会使劲地按喇叭，其需要被尊重的心理得到了满足。

另外，幽默在人际关系中也具有相当重要的作用。幽默的最大功能是建立和维系人与人之间的良好关系。幽默的语言更容易让人接受，幽默就像润滑剂可以消弭谈话人之间的尴尬，促进人们之间的和谐，避免人与人之间的摩擦和冲突。

⑮不要追俺，俺已名花有主。

⑯年龄 60 岁，驾龄 60 天。

以上两例车尾语都含有幽默的成分，看后会让人不禁一笑。例⑮巧妙地运用了“追”的双关之意，其后半部分的“俺已名花有主”更加强了这一效果。车主在告诉后面的司机“不要追尾”的同时，还不忘幽默一下。而例⑯似乎是一种夸张式的冷幽默，车主虽然已经 60 岁，却只开过 60 天车，等于说自己是一新手。人老了，手脚会不灵便，刚刚开车，技术欠佳。其主要目的是提醒后面的司机小心，并且体谅自己。这种幽默的车尾语就像是一种缓和剂，可以缓和人与人之间的关系。

14.3.2 车尾语的身份诉诸

话语是在人的交际过程中产生的。而社会身份会影响说话人的说话方式，所以，人的社会身份对话语的表达和理解有重要的影响。Tanti（2011）认为，社会身份是在社会中形成的一种心理过程，它反映了个人在团体中的身份属性及其价值和情感意义。社会身份构成了语境的一个重要组成部分，有助于我们理解说话人的说话意图和话语意义。

⑰朋友，悠着点，你爸不是李刚。

“我爸是李刚”事件在 2010 年底让所有中国人都知道中国有个叫“李刚”的牛人，事情是这样的：李刚的儿子在河北大学校园内撞倒两名女生，导致一死一伤，司机非但没有停车，反而继续去校内宿舍接女友。在这种语境下，“李刚”演变成了“官员”的代名词，是一种社会身份的象征。这句车尾语就是在这种背景下产生的。很显然，在这种背景下，“李刚”成了社会身份的一种符号。这句车尾语可以理解为，既然你爸不是李刚，万一你撞了我的车，你就不可以随便走人，而是要负法律责任。所以，你最好开车小心点，保持车距，请勿追尾。

⑱大龄剩女，追尾必嫁。

随着人们结婚年龄的推迟，大龄剩女越来越多，已经演变成一种社会标签，或者是一种广泛意义上的社会身份，当然，这种身份含有些许贬义，即大龄剩女很难嫁出去。该车尾语意在告诉后面的车主，请离我远点，保持车距，万一追尾，你就倒霉了，因为有个剩女要嫁给你。另外，该车尾语也有一些黑色幽默在里面。

14.3.3　车尾语的深层动机

动机理论认为，动机是达到目标的期望和目标本身的价值（秦晓晴，2002．75）。个人动机是指人们想做某事的目的，人的动机决定了人的行为，其中包括人的言语行为。换言之，人的话语受制于人的动机。对个人动机的考察可以解释车尾语的意义。

⑲买的证，租的车，您看着办。

在行驶拥堵的公路上，尤其是遇到堵车，后面的司机容易催促前面的车主快点，有时会大声地按喇叭，或者是横冲直撞。以例⑲为例，证是买的，所以，开车技术不过关。该车主的意思是：我的技术不好，很有可能被你撞着，并且车也不是我的，你撞了，倒霉的是你，所以还是请你开车小心点。该车尾语的意图是在警告后面的车主：保持车距，请勿追尾。

14.3.4　车尾语的心理倾向

心理倾向是指个人以其主观的方式和习惯方式去处理问题，这种心理状态称为心理倾向（石岩，2002．41）。在对话语作出解释时，人们的心理倾向也经常以自己的心理态度和方式理解话语，这种解释有很强的主观性。陈新仁（2009b．50）指出，人们倾向朝有利于自己的方向解释话语，并且在言语交际中经常存在以自我为中心的解释倾向。以自我心理倾向为中心解释话语的另一种表现是视角的选取，即人们倾向于从自己的视角来解读交际中的话语。可见，在对话语作出解释时，了解说话人的心理倾向或视角的选取对话语的理解有着十分重要的作用。心理倾向可以为关联搜索确定方向。因此，了解汽车司机张贴车尾语的心理倾向有助于理解车尾语。例如：

⑳别看我，看路!!

对于例⑳而言，该车车主从自己的心理视角出发，以为后面的车主开车总盯着前面的车看，没有看路，这样很不安全，所以才有该车尾语，提醒后面的车主当心，注意开车，注意安全。

14.3.5 车尾语的社会心理策略

社会心理策略是指说话者在语言交际中，为实现一定的交际目标而采用一定的策略。事实上，社会心理策略的实施是为了言语交际中适应的需要，即社会交际和心理需求。陈新仁（2009b. 51）提出了诉诸社会心理的手段，即预设机制和含意手段。广告商利用预设机制捕捉消费者的从众心理，利用含意手段刺激女性虚荣好胜的心理。采取这两种策略的目的都是为了从正面影响话语接受者的心理。另外，语用模糊（pragmatic vagueness）也是社会心理策略的一种方式。

1. 预设机制

预设是说话者在说话之前做的一系列的设想（Yule，1996. 25）。预设的存在使得话语可以被理解，使交际顺利进行（莫爱屏，2010. 31）。预设的运用反映了说话者一定的交际目的，这种交际目的是为其社会心理服务的。

㉑手潮心乱，越催越慢！

例㉑的车主先说自己开车技术不佳，心理慌张。在这种情况下，该车主预设后面的车主会嫌他/她开得慢，可能会催其开快些，让其不要阻碍后面的汽车行驶。正因如此，该车尾语才接着说“不要催促，越催越慢”，目的是提醒后面的车主不要按喇叭催促，进而影响和引导后者多多体谅前面的车主。采用类似预设机制的车尾语还有：“新手初驾，擅长急刹”、“高龄新手，大修磨合”、“着急你就飞过去”、“越按越慢，再按熄火”、“新手手潮，越催越慢”等，限于篇幅，仅举以上几例。这表明，预设机制在车尾语中得到了广泛的运用。

2. 含意手段

含意（implicature）是语用学的重要研究课题之一，Grice（1975）将其分为常规含意（conventional implicature）和会话含意（conversational implicature）。会话含意的推导需要考虑语境因素，因为仅靠字面意义是无法推导会话含意的。会话含意的使用反映了说话者一定的社会心理。

㉒注意，前方有交警。

根据该车尾语的具体语境，我们可以推断出其会话含意：前面有交警，不要跟得太紧，容易造成交通事故，如果造成交通事故，交警会马上来处理你（此处指后面的车主）。该车尾语反映了车主怕死、怕负责任的社会心理。

3. 语用模糊

语用模糊现象在实际语言交际中十分常见，说话者使用该策略反映了其当时的社会心理。俞东明（1997）将语用模糊定义为：说话人在特定语境或上下文中使用不确定的、模糊的或间接的话语向听话人同时表达数种以言行事行为或言外之意的现象。可见，语用模糊是言语行为实施时产生的一种现象，可以是说话人故意为之，也可以是不经意之间产生的。与词汇模糊（同一词可以作两种甚至更多的解释）、句法模糊（同一句式可以作两种甚至更多的句法分析）不同，语用模糊指的是一句话可以作两种甚至多种以言行事的解释。语用模糊的实现方式有多种，其中条件从句可以用来实现语用模糊，这种语用模糊通常采用这样的句式：If X then Y; if not X then Z（莫爱屏，2010．84）。

㉓当您看到这行字时，您的车离我太近了。

例㉓可以作两种以言行事的解释：一是告知对方如果看到这行字，他的车就离得太近了；二是提示对方不要离自己太近。前者是字面意义解读，实施的以言行事是告知；后者是含意解读，实施的以言行事是提醒甚至警告。很显然，其字面义不是该车尾语真正要表达的意思。在车尾语所处的语境中，车主真正的意思是：请后面的车主保持车距。这种模糊语言的使用可以缓和“提醒、警示”的语气，使后面的车主更容易接受这种“提醒”。

14.4 结语

车尾语作为一种社会现象，越来越受到有车族的喜爱。但是，以往对车尾语的研究相对较少，研究视角也较为单一。虽然车尾语大都比较简短，但其社会内涵和语用功能却极为丰富。车尾语不仅仅是贴在车尾的好玩的装饰品，而且体现了汽车主人之间的社会心理关系。礼貌、幽默、睿智的车尾语可以促进开车人之间关系的和谐、避免摩擦，让后面的车主少按喇叭，减少噪音污染，促进开车人之间的和谐。

本章从社会心理的视角研究车尾语的内涵和社会语用功能。将车尾语放在社会学和心理学视域中考察，可以揭示出其丰富的内涵。同时，本章的研究表明社会心理语用学研究的必要性和可行性，唯有如此才可以更好地揭示语言使用与社会心理的关系，使语用学这门年轻的学科具有更强的解释力，从成长走向成熟。

最后需要指出的是，从人际因素、社会身份、个人动机、心理倾向和社会心理策略等视角对车尾语进行解读并非尽善尽美，因为还有其他社会心理因素未被包含进来，这要求我们进一步、更全面地从社会心理语用学的角度研究车尾语。

第六部分

结束语

本部分是整个研究的结论，首先是在扼要概述前面章节报告的各个研究的主要内容后总结本书获得的主要发现；然后，讨论上述发现在研究对象、研究视角、研究应用等方面的启示；最后，交代本书存在的一些关键问题，指出未来研究需要关注的方面。

第15章 结 论

本章为全书的总结，概括各项具体研究的主要发现，讨论研究带来的各种启示，指出本书的主要不足，提供一些对未来研究的建议。

15.1 研究总结

本书关注的研究对象是社会用语，选取的研究视角是社会心理语用学，采用的研究方法以基于中国语境下第一手的真实社会用语语料分析的实证手段为主。

本书之所以选择社会用语为研究对象，是因为社会用语是日常社会生活中使用频率最高、涉及面最广的一种语言活动，而对社会用语的研究在语用学领域一直没有获得足够的重视；之所以选择社会心理语用学视角，是因为社会用语的生产者（管理部门、宣传部门、服务部门、销售部门等）与其接受者（包括管理对象、广大读者、消费者等在内的社会公众）之间经常发生“不在场”的互动，换言之，本质上属于独白性质的社会用语其实带有明确的对话性，而这种对话的深层经常暗藏着生产者对接受者特定心理特征、心理需求、心理期盼的诉诸、把握甚至利用，而作为一种新兴的研究视角，社会心理语用学可以对社会用语的社会心理策略加以展示、解释；之所以采用实证研究方法，是因为现有文献往往过分依赖一些语言形式，结论开放性强，缺乏实证性研究支撑，而语用学研究强调对真实语料的客观描述和分析，基于调查、统计、分析的实证手段可以避免以偏概全、印象至上的主观解读。

出于典型性和可行性的考虑，本书重点分析了广告用语（涉及地产广告、女性产品广告、广告用语的心理认知机制等）、商业性命名用语（包括药品命名、楼盘命名、企业品牌命名等）、新闻标题用语（涉及新闻标题中的非典型句式、预设机制、指称可及性等）、告示语（包含节俭类告示语、环保类告示语、安全类告示语、车尾语等）等体裁，探讨了当代中国语境下社会用语的生产者如何调用各种语用—语言手段（如名称、谐音、模糊语、委婉语、语码转换、指称、预设、句式、语体、言语行为、礼貌），把握、利用各种社会心理因素达到实施说服、推销、宣传等目的，揭示了社会用语与社会心理之间的各种关系，挖掘了不同功能类型的社会用语背后的社会心理定位、社会心理机制、社会心理策略、社会心理制约等，考察社会用语对社会公众可能产生的社会心理影响等。

15.2　主要发现

针对广告用语、商业性命名用语、新闻标题用语、告示语四大类别的社会用语中广泛存在的社会心理诉求，本书通过实证研究手段，从社会心理语用学角度切入，对所确定的各种具体类型的社会用语加以深入分析，得到了如下发现：

（1）首先，为了赢得消费者的青睐，广告创作者往往费尽心思琢磨其目标消费者的心理，在广告内容设计中顺应着消费者不同类型的心理需求，并通过特定的语用—语言手段实施心理刺激，达到吸引他们的目的。以地产广告为例，该类广告语顺应受众心理世界的角度大致分为五类：展现个性、环保节约、品质享受、个人情感、特殊动机，其中最追求品质享受，反映了在地产商对消费者心理世界的评价中，购房者在很大程度上是为了提高舒适度，享受生活。其次，通过倡导环保节约为自己的楼盘做宣传，顺应了现代语境下人们的价值观念。在女性广告的设计方面，为了在“她经济”时代中追求最大的商业利润，广告商主要顺应了潜在的女性消费者的心理需求，具体包括：追求美丽的心理，追求年轻的心理，追求时尚的心理，追求个性化的心理，追求爱与被爱的心理，追求快捷方便、便宜的心理，好奇的心理，从众的心理，期望成为贤妻、良母、孝女的心理等，而为了把握、利用女性消费者的上述心理，广告商在其广告语篇中会刻意使用相应的语用—语言策略：在语言层面上，他们会选择使用模糊词语、情感与意愿动词、问句、委婉语、语码转换等；在语用层面上，他们会选择使用人称指示语、实施个人性言语行为、传达会话含意、使用语用预设、使用叙述体和对话体等。从商业广告的理解机制角度看，利用读者已有的知识表征“操纵”读者对于输入的理解，广告的设计者巧妙地利用看似简单的语言，激活受众心智中的背景知识，与广告进行整合，产生有利于产品的含义。作为一种语用策略，这种手段虽然降低了广告本身的信息量，但由于激活了丰富的背景知识，并且和广告本身进行整合，反而会生成大量的浮现意义，有利于广告的宣传。同时，采用背景知识的整合宣传产品，可以避免将广告信息直接强加给受众所引起的反感。广告的设计者利用受众已有的框架背景知识，让受众自己在心智中对广告整合处理，得出有利于产品的结论，从而达到更好的宣传效果。此外，利用受众丰富的背景知识，可以通过受众熟识的事物来描述广告中的产品，使得广告更易于理解和接受。在涉及语码转换的广告语中，语码转换，从生成的角度看是一种明示交际行为，传递广告商的信息意图和交际意图；从理解的角度看则是一种推理交际行为，广告受众依据最佳关联假设寻求合理解释，直到关联期待得到满足。两种语码从认知的角度可以分为图形语码和背景语码。图形语码在背景语码的衬托下在广告受众的知觉场中得到凸显，而背景语码则为广告受众提供知觉场的认知框架，使广告语产生一系列的弱暗含，为广告受众提供更加丰富的意义和更多的信息，广告效果尤为突出。

（2）与广告内容设计瞄准消费者特定的心理需求相似，一些生产商或企业在为其产品或企业品牌命名时也会诉诸目标受众的特定心理，以让消费者易于识记产品或企业品牌的名称，产生对其产品或品牌的心理认同。换言之，原本用来标识、辨别产品或品牌的名称也因其社会心理诉诸而具有了广告的色彩。以药品命名为例，为了获得最大利益，商家在给医药产品命名时，除了顺应药品属性、药品功能、消费者属性外，有时还会顺应消费者的特定心理。楼盘命名更是充斥了各种心理诱导策略，体现为相关楼盘名称面向不同类型购房者对楼盘的不同心理期盼或多重期盼，主要包括：①财富尊贵式；②异域风情式；③福寿吉祥式；④自然风光式；⑤庭台楼阁式；⑥时尚前卫式。另外为了打动买房人的心，拉动商品房销售，许多新楼盘在对外宣传时纷纷隐去真名，借助“洋名”的异域特色而成功地拨动一些购房者的心弦。可见，随着市场竞争的加剧，楼盘名称已从一般的标识符号演变成楼盘整体营销的一个组成部分，促使开发商和楼名策划者们在楼盘命名上绞尽脑汁。就决定企业品牌战略成败的企业品牌命名而言，恰当的企业品牌命名的过程需要考虑很多因素，诸如听觉冲击力、朗朗上口等，其中企业品牌名称的含义与企业所处环境的社会心理耦合度是检验企业品牌命名科学和成功与否的一个重要标准。二者之间的耦合有利于社会公众识别、记忆、认同企业品牌及其所代表的产品，从而更好地发挥企业品牌引导消费行为的作用。所以，许多国内外企业在实施品牌战略过程中特别重视建立品牌命名与社会心理之间的联系。研究发现，中国企业品牌命名存在八种社会心理反映模式：①地域情结模式；②目标消费群认同模式；③产品性能突出模式；④国际品位表现模式；⑤爱国情怀模式；⑥慕名晕轮模式；⑦理想和形象定位模式；⑧传统文化诉求模式。影响中国企业品牌命名的社会心理因素归纳为四个因子：表现产品性质、功能、消费者和产地等特点社会心理；传递企业或企业经营者的理想、理念和价值观等社会心理；传递企业或企业经营者国际性定位或视野社会心理；无明确特征或综合性社会心理。

（3）新闻标题的设计经常反映了新闻报道者对读者心理的把握和利用。首先，非默认形式（如使用否定句、疑问句）的新闻标题与传递信息的肯定句、陈述句标题不同，具有特殊的语用功能，体现在前者可以制造悬念、吸引读者的阅读兴趣、暗示作者对某个现象的质疑以及引导读者对某个现象的看法上，这一特点不仅反映了新闻报道者对社交世界和物理世界的顺应，还显示出对读者心理世界的主动顺应。其次，体育新闻报道者在设计标题时有时会刻意利用人物指称表达的可及性程度差异来捕捉读者的阅读心理，从而达到吸引读者的目的。通过考察人民网、新华网、搜狐网、新浪网体育频道关于新闻标题的人物指称语使用的情况，发现中可及性标示语使用得最多（其中绰号的使用颇具汉语特色，有移情的效果），而高可及性标示语中代词的使用很多，主要作用是设置悬念，引发读者阅读新闻的兴趣。此外，一些新闻标题巧妙使用预设机制。预设机制的策略性使用在新闻标题中至少可以发挥四种语用功能：在使标题尽量短小的同时提供更多的额外信息；激活读者对新闻事件的已有知识，与读者发生认知互动；激发读者阅读新闻报道的好奇心与兴趣；满足读者的期望，引发共鸣。

（4）在中国语境下多种场合的告示语表现出“非典型性”，即它们不只是相关公共信息的传递载体，而且带有了各种人际性特征，表现在对社会公众特定心理的诉诸上。以节俭类告示语为例，除了一些语言特点外，该类告示语使用了直接型劝说策略和间接型劝说策略。各种类型的策略体现了对不同社会心理的诉诸，例如，简明类告示语直接程度最高，体现的是告示语发布方的权威身份，将受众置于被动的地位；号召类告示语更多关注的是行为的主体，感染性更强，行动主体更明确，更强调全民的参与意识；结果类节俭告示语通过语言手段明示厉行节约所带来的好处，利用人们的趋利心理、爱惜生命的心理、奉献精神等，强调节约对受众直接有益，从而达到号召节约的目的；原因类告示语则激发人们服从大局的心理取向，以达到说服受众厉行节俭的目的；荣辱类告示语利用人们都希望受人赞美、褒扬，惧怕别人批评等心理；警示类告示语主要利用人们担忧不好事物发生的心理。就环保类告示语而言，此类告示语的生产者大量借助宣传类以及间接言语行为以引导和暗示公众遵守某些社会规范，言语行为层面的研究即大量主言语行为及其与辅助言语行为的配合使用也证实了这一点。其语篇生产者运用这些语用策略一方面力图最大限度地传达信息，另一方面也体现了其人本主义理念，反映了和谐社会建设大背景下人们追求语用和谐的社会心理。对于公共场所安全类告示语而言，研究发现：①汉语安全类告示语的应用体现了礼貌原则中的“策略准则”和“同情准则”，以及中国文化所推崇的尊敬、关心与合作理念；②汉语安全告示语为顺应不同语境和对象的心理世界在语言上选择了不同的策略，以实施各种言语行为，获得保障人民安全的不同效果。具体而言，交通、旅游和医疗场所以警示信息为主，语气较商业场所更加直接，语句也较短小；面对司机和乘客的交通安全告示语包含大量告知性信息，为出行提供指南；而针对游客的旅游安全告示语则由禁止和祈求性信息构成，指导游客的安全行为。换言之，汉语安全类告示语遵循礼貌原则和语言顺应理论，符合中国文化特点，顺应了公众的心理需求，也初步体现了“以人为本，安全第一”的管理和服务意识。最后，从人际因素、社会身份、个人动机、心理倾向和社会心理策略等视角对私家车车尾语进行的解读表明，大部分车尾语实施的是间接言语行为，体现了汽车主人之间的社会心理关系，礼貌、幽默、睿智的车尾语可以避免摩擦，促进开车人之间的和谐。

15.3 研究启示

本书实证调查了中国语境下社会用语的一些使用维度（包括广告用语、商业性命名用语、新闻标题用语、告示语），从社会心理语用学角度切入，探讨了中国语境下社会用语的使用者如何调用各种语用—语言手段，把握、利用各种社会心理因素，从而达到实施说服、推销、发行等目的。相关研究发现其具有以下诸多方面的启示。

首先，本书从社会心理语用学角度透视社会用语，深化了对社会用语本质属性的认识。与一般看法不同，社会用语不完全是单一的用来单向、客观、简明传递公共信息的载体，也不完全以相同方式面向所有社会公众。本书的研究表明，一些社会用语在传递公共信息时（甚至这一基本功能有时并不显性发生），还传达了其生产者与其目标接受者之间心理互动的各种信息，表现为前者对后者的各种心理需求（包括面子、安全等）和心理倾向（如好奇、虚荣等）的诉诸和利用。这就意味着，一些社会用语在深层次体现了相关管理部门、服务部门、商业部门、宣传部门等与包括消费者在内的不同层次、类型社会公众的各种隐性“对话”，具有明确的主观性、倾向性和针对性。由于上述表达需求的存在，一些社会用语不可避免地在语用—语言上发生一些“变异”，各种“非典型”社会用语会层出不穷。难怪各类广告语读来充满诱惑，让人难以拒绝；难怪商业性产品或品牌花样百出，各领风骚；难怪一些新闻标题读来“不同凡响”，回味无穷；难怪一些告示语显得温情脉脉，另一些则显得面目狰狞；难怪车尾语已经成为一种独特的社会文化现象！

其次，本书以社会用语为语料类型开展社会心理语用学探索，拓宽了语用学这一学科的研究视野，检验了社会心理语用学这一新兴研究路径的作用与活力，表明了社会心理语用学研究的必要性和可行性。语用学是一门研究语言符号与其使用者之间关系的学问。笔者发现，现有语用学研究主要面向个人性的语言使用，对发生在公共空间（如机场、车站、码头、景点等）、通过公共媒体（如报纸、杂志、电视、电台等）和网络（如互联网、各种内部网络）等面向社会公众传递公共信息的社会用语的研究却相对匮乏，基本上没有将社会用语当作专门的研究对象，而这样的状况显然是不合适、不宜持续的。语用学研究者将目光覆盖到社会用语，可以使得本学科的研究对象更完整、更系统。既然语用学研究的是语言符号与其使用者的关系，毫无疑问，关注社会用语与其使用者（包括生产者和接受者）之间的关系也是一种自然、必然的选择。通过揭示社会用语与社会心理之间的关系，语用学可以从成长走向成熟，从充分走向完备。同时，通过对社会用语开展语用心理分析，可以为日常人际会话、机构性话语的语用心理分析提供借鉴。

最后，本书从社会心理语用学的视角研究社会用语，对社会用语的使用与管理具有现实的指导意义。例如，关于广告用语的社会心理语用研究，可以透视该类用语背后的心理诱导机制，有助于加强消费者对产品或服务质量的理性认识，而对于广告设计者来说则可以提供一些可供参考的语用—语言手段。又如，关于新闻标题中预设机制的策略性使用研究，揭示了相关策略在新闻标题中的重要性，因而对标题设计与阅读甚至翻译都具有一定的指导意义。具体来说，新闻记者与编辑要认识到预设的重要语用功能，以制作出更好更吸引人的标题；翻译工作者在翻译新闻标题的时候也要意识到预设的存在，以免漏译一些重要的预设信息；读者在翻阅报纸时也要注意标题中的预设机制，这样会获得更好的阅读效果。再如，告示语揭示了礼貌原则的运用对于特定动机、策略、心理的影响的相关研究可以为社会用语的得体性和效用性使用提供参考，对于如何以更加人性化的方式与公众沟通、推进我国社会语用文明建设具有重要的启迪作用。

15.4 研究的不足及对未来研究的建议

本书关注的是社会用语的使用情况，具体讲，我们从社会心理或语用心理角度探究了社会用语的心理诉诸策略及其相关的语用—语言特点。尽管我们引入了新的研究视角，采用了实证研究方法，获得了一些重要的发现，但就研究本身而言仍然存在这样或那样的问题和不足，为未来研究留下了诸多空间。具体来说，本书至少存在下列问题，今后的研究需要加以关注：

其一，从研究对象——社会用语角度看，本书的覆盖面不够宽。我们知道，社会用语涵盖面广，而本书开展的语用心理分析只聚焦广告用语、商业性命名用语、新闻标题用语、告示语等体裁，未及其他体裁（如招聘用语、气象播报用语、各类海报和通告等等）。对于上述四类社会用语的研究，本书也只是采用抽样的方法，在样本来源、样本大小、样本典型性等方方面面都可能存在一些缺陷。例如，第 5 章有关药品命名的研究，由于药品种类及数目偏少，未收集西药，因而所得出的数据也许不够全面；又如，第 11 章关于节俭类告示语的研究仅仅考察了网络上出现的 140 条节俭类告示语，其研究结果与常见于大街小巷或公共场所的节俭类告示语可能会有一定差异，另外该研究也存在语料规模偏小的缺陷，其研究结论的普遍性与科学性仍有待进一步验证。社会用语与社会心理的联系无处不在，本书出于可行性的考虑而作出的语料抽取和抽样会在一定程度上影响本书研究结果的概括程度和有效性。今后的研究可以扩大社会用语的类别，在样本抽样上无论是数量还是质量都应该有所改善。

其二，从研究视角——社会心理语用学角度看，本书首次尝试对社会用语开展语用心理分析，因而带有明显的探索性和非系统性。本书研究缺乏成熟的社会心理语用学理论作为指导，也缺乏系统、可行的社会心理分类，各章对于相关社会用语的社会心理分析更多地依赖研究者对社会心理的一般理解，没有试图穷尽特定社会用语可能映射或利用的全部语用心理策略。例如，第 2 章关于地产广告语、第 6 章关于楼盘命名、第 12 章关于环保类告示语、第 14 章关于车尾语的研究就可能有一些别的社会心理因素未被包含进来，这就要求我们进一步、更全面地从社会心理语用的角度来研究这些类别的社会用语。未来的研究可以进一步借鉴社会心理学的研究成果，对社会心理提出更完善的分类。可以从特定的社会心理出发，而不是从特定类别的社会用语出发，考察该社会心理在各种社会用语中的反映或影响。当然，同样值得建议的是，可以将社会心理语用学的研究触角伸向日常生活中个人性的、私人性的面对面交流或信件、电话往来，也可以从这一视角剖析机构性话语，从而深化人们对个人性和机构性话语的认识。

其三，从社会用语的影响因素——语境角度看，本书对于一些社会用语的研究还不够深入，尽管一些研究考虑到了语境变量的影响，如第10章关于新闻标题中预设机制的使用情况的研究考虑到了报纸性质、报纸板块等因素，但总体来看各章涉及的影响因素较少，有些地方甚至阙无。就拿探究新闻标题中人称指示语可及性情况的第9章来说，该调查局限于主要网站的体育新闻标题，没有考察更多类型新闻版面对人物指称语的使用，譬如政治、娱乐等版面。从宏观上看，不同经济发展水平、不同文化背景、不同种族环境等社会因素也可以成为考察的语境变量。

附录1　祝福类手机短信的社会心理分析

时下手机短信问候已成为问候的一种主要方式，每逢节假日，手机短信取代过去的书信、电话或者登门拜访，成为人们青睐的祝贺方式。人们通过短信来表达美好的愿望和祝福，手机短信祝福用语也成为一种大众媒体语言，呈现出有别于一般媒体语言的新特点，它极具时代气息，具有较高的语用研究价值。我们通过定量的方法分析手机短信祝福用语所特有的语言特征，从手机短信祝福用语的语言风格、编排形式、语码及基调维度进行探讨，借此揭示这些语言形式选择背后所顺应的社会心理语用动因。

1. 手机祝福短信的语言特征

1.1　风格：平实/华丽

手机短信祝福用语的种类繁多，风格多样，难以尽述，但总体上来说可以分为平实型和华丽型两大类。传统的祝福语如"吉祥如意"、"新春快乐"、"阖家幸福"等如今早已不能满足人们的表达需要，人们偏爱措辞考究、辞藻华丽、极具美感的祝福语。陈汝东（1999）指出话语建构行为也是话语主体审美心理的物化过程。此类短信的发信人一般具有一定的教育背景和文学修养，通过这些具有文学意味的语言，来凸显说话人的学识、修养和审美情趣。

①每年的这个时候，祝福就会像海洋涌向你，希望我的祝福像一叶轻舟，载你乘风破浪，到达成功的彼岸！

②我以为，我已经把你藏好，藏在泛黄的记忆里。谁知，那轻轻的银铃声，又撩起我向往的心情，我欲以美丽的织锦，缀成无数的祝福给你。

③短信赶着过年把祝福送，祝你在新的一年里工资能够一涨再涨，爱情能够开花结果，有空了也别忘记请我喝咖啡！

例①、例②通过海洋、轻舟、银铃、织锦这些具体的意象展现诗意的画卷，运用排比、比喻、拟人等多种修辞手法，诉诸读者的想象力，以散文体式的语言营造出温馨氛围，既传达美好的祝愿，又带给收信人愉悦的感受。康家珑（2000）认为语言所显示的美学价值对语用效果的好坏程度有着举足轻重的作用。华丽繁复的语言对收信人的心理状态产生了一定影响，起到了陶冶性情、愉悦情感的语用功能。平实风格的短信较华丽风格的短信而言数量较少，着眼于日常生活中的点滴细节，在简洁朴实的言语中透出写信人的贴心关怀，这类短信的比例较小，诚如例③所示。

1.2　编排形式：传统/现代

短信的编排形式多种多样，不拘一格，反映了现代人个性化、多元化的生活，从总体上看，可以分为传统型和现代型。具有传统韵味的短信，如对联、古诗词或其他形式在现代社会仍然受到人们的普遍青睐。

④上联：人营四季，春种牛毛雨夏耕牛角月秋收执牛耳冬藏养牛气；
下联：国泰六旬，人添牛劲足乡听牛音亲岁除试牛刀年来奋牛蹄。
横批：牛年大吉

⑤短信今年热闹，金鼠带来欢笑。最乐在八月，转眼奥运即到。门票！门票！免费两张谁要？抢票热线：2008080808，祝您鼠年好运！

例④是对联式的短信，讲究工整对仗，具有音韵美和节奏美；用词古朴，具有传统文化特色。例⑤是由宋词改编而来的，反映出中国人对于百年奥运的激情及奥运门票千金难求的局面，既传承了传统文化的内涵，又融入了现代文化的元素。现代形式的短信则五花八门，各种应用文体形式如商品说明书、天气预报、影视剧本等都成为短信编撰者的模仿对象，通过各种语体的杂糅产生特殊的语用效果。

⑥根据朋友特别法，判处你快乐无期徒刑，剥夺郁闷权利终身，并处没收全部寂寞烦恼，你无权上诉，立即执行！

⑦中秋将至，奉上一个月饼，配料：五克快乐枣，一把关心米，三钱友情水，用幽默扎捆，用手机送达；保质期：农历八月十五前；保存方法：请按保存键。

例⑥模仿法庭庭审宣判时的话语模式，夹杂了“剥夺”、“没收”、“上诉”等法律用语，尽管损害了对方的消极面子，但是由于使收信人得到了最大限度的利益，因而对方并不介怀。例⑦模仿的就是食品包装上的说明书的体式，有商品名称、成分、有效期等信息，给人新颖独特的感觉。

1.3　语码：单一/混合

尽管语码混合类的短信所占的比重并不大，但是由于其新颖性及流行性，因此也具有很高的语用价值。手机短信中的语码混用主要是中英文、数字、符号等的混合使用，如2009年元旦最流行的祝福短信便是中西语码混用的"Happy 牛 Year!"。这种现象的出现是受到网络语言和西方文化的影响。

⑧人每天要做三件事：第一件是笑（^_^）；第二件是微笑（^o^）；第三件是大笑（^O^）；相信你有愉快的一天☆？^o^?。

⑨祝你：开怀地笑〔□0□〕温柔地睡（－－）天真地发呆〔+.+〕放心地酒醉〔@.@〕最后再送你一朵红玫瑰@ >—>——天天都有好心情。新年快乐！

例⑧、例⑨发信人为了增强文字符号的形象性，使用数学符号、破折号、括号等生动摹绘了人类的表情和其他事物。由于手机短信属于书面文字交流，缺乏语言符号所传递的信息，收信人只能根据给出的文字符号进行意义解码，因此，发信人充分发挥了文字符号的感性表意功能。手机短信中的语码混用不限语言，甚至方言也进入了短信语言。

⑩俺是者哥史街伤嘴惯信泥地任，椰是嘴向年泥地任，腰吻俺郎夺矮泥，约粮呆标俺地信！向泥！新年快乐！（俺是这个世界上最关心你的人，也是最想念你的人，要问俺有多爱你，月亮代表我的心！想你！新年快乐！）

例⑩将山东方言的发音用汉字表达出来，尽管违反了普通话作为通用语的社会语用规范性，但将平时不易说出的情话以另一种编码形式表达，既维护了说话人的面子，又通过幽默的方式传达了情感，达到了说话人的交际意图。语码混用在这里成为交际者维护面子、传达感情的一种行之有效的语用策略。

1.4　基调：幽默/抒情

索振羽（2000）认为言语交际中得体性原则包括礼貌准则、幽默准则和克制准则，幽默准则具有不协调性、情趣性和适切性的特点。手机祝福短信运用夸张突降的修辞手法和各种语用策略，制造诙谐幽默的交际效果，借此传达情感。林琼（2006）认为，幽默短信的交际功能不在于给对方提供认知信息，而主要在于传递某种精神信息，或叫情感信息。

⑪新年到，想想送什么给你，又不打算太多，就只给你五千万：千万

快乐！千万要健康！千万要平安！千万要知足！千万不要忘记我！

⑫活着真累：上车得排队，爱你又受罪，吃饭没香味，喝酒容易醉，挣钱得交税！就连给小猪发个短信还得收费！祝你新年快乐！

例⑪违反了言语交际中的真实准则，“五千万”并非现实世界中的金钱。陈新仁（2007）认为由于表达需要的不同，话语是否真实可以有两个层次的判断标准：语义真实性和语用真实性。此例虽不符合语义真实性标准，却符合语用真实性标准，因而产生幽默的语用意义。例⑫使用了“小猪”的贬称，虽然表面上违背了礼貌原则，但由于交际双方的平等角色关系，不但不会冒犯对方，反而拉近了彼此之间的社会距离。根据调侃原则（Leech，1983），逗乐是增强群体成员间一致性的方式，因此对方对这种表面上不礼貌的话语并不当真。当然此类祝福短信只限于关系亲密的交际者之间，如果发给高权势的人就会被视作是不礼貌的行为了。抒情短信则诉诸温馨的话语，传达了发信人对对方的牵挂和惦念之情。康家珑（2000）认为语用主体和客体的情感对于交际中的语用行为均会产生一定程度的影响，因此在语用行为中，语用主体应当有意识地调动和控制交际中的情感。

2. 手机祝福短信顺应的社会心理诉求

手机短信祝福作为一种社会语用行为，其用语与社会心理有着十分直接和密切的联系，发信者必须顺应交际双方社会心理层面的诉求，才能使手机短信祝福产生更好的语用效力。根据 Verschueren（1999），语言使用过程中的语言选择必须与语境顺应。语境包括交际语境和语言语境，心理世界属于交际语境范畴，主要涉及交际者的性格、情感、信念、意图等心理因素，说话人选择语言的过程正是顺应自己和听话人心理世界的动态过程。通过对语料的分析，笔者发现手机祝福短信主要诉诸下列社会心理需求。

2.1　对健康需求的顺应

马斯洛“需要层次理论”中生理需要（包括健康需要）是最基本的需要。人们对于健康的心理需要根源于人们的自然动机，即由人的自然属性引起的，以个体生理需要、安全需要为基础的动机（周晓虹，2008）。当今社会的生活节奏加快，人们感到了来自工作、学习各方面的压力，健康状况令人担忧，健康问题已超越生理范畴，成为普遍的社会问题。这一需求在手机短信中凸显，甚至出现了专门的生理或心理健康祝福短信。

⑬非典肺炎使坏，朋友给你关怀。出门口罩要戴，少到群集地带。别

信药品关爱，如今都已失败。经常蹦蹦踹踹，增强抵抗能耐。任凭病毒再拽，也会让它无奈！

⑭吃饭莫饱，走路莫跑，说话莫吵，喝酒要少，睡觉要早，遇事莫恼，经常洗澡，身体最好。

例⑬反映了“非典”过后，人们对于公共健康卫生问题的重视，市场上药品问题屡屡曝光，给人们的心理造成负面影响；例⑭体现现代社会人们的工作繁忙，交际应酬增加，生活不规律，甚至连走路吃饭都赶时间。这些短信顺应了人们对于健康的心理需求，关注了人们生活中最微小的细节，让人倍感关怀和温暖。

2.2　对财富需求的顺应

对财富的需求是人类的一种普遍心理状态。现代社会心理学家马克斯·韦伯甚至将财富、声望和权力作为划分人们阶级地位的基本因素，财富的拥有及多少是人们衡量自身成就及自我价值实现的重要标准。随着中国社会的进步和人们观念的更新，如今对财富的需求也不再被视作禁忌话题，人们大大方方地将拥有财富的愿望写进祝福短信中。

⑮祝你致富踏上万宝路、事业登上红塔山、情人赛过阿诗玛、财源遍布大中华。

⑯举杯迎2009，问候遥祝友。温馨今夜酒，幸福从此久。买股骑上牛，楼市质价优。高朋常满座，体健享温柔。接信更无忧，舍你谁更牛?

例⑮中出现的万宝路、红塔山、阿诗玛和大中华都是香烟的品牌，显示了消费文化对人们财富观念的影响。例⑯反映在金融危机冲击下的中国，股市楼市萧条，经济疲软，恰逢2009年中国习俗的牛年，由于“牛”字与“牛市”不谋而合，带有“牛”字的祝福短信也得到人们的格外青睐，这样的短信顺应了人们对牛年里经济状况能够好转的祈盼。

2.3　对快乐需求的顺应

喜怒哀乐是人类最基本的情绪。情绪对人的生活有重要影响，快乐愉悦的心情能使人充满希望、乐观向上，而不良情绪则会给工作、生活和人际关系带来不利的影响，甚至会引起生理的负面反应，威胁到人们的健康。因此人们始终希望保持一份快乐的心情，以积极的姿态面对人生。

⑰祝新春快乐，捂着肚子乐，蒙着被子乐，流着鼻涕乐，对天哈哈乐，喝水咕咕乐，不想我也乐，想到我更乐，此时肯定乐，健康又快乐!

⑱总有些事无法忘掉，总有些人在身边萦绕，相逢是那样奇妙，生活是这么美好，工作固然重要，心情也要调好，发一个短信，权当是幸福的骚扰。新年快乐！

例⑰通过多个包含“快乐”字眼的排比句，强烈地表达了对快乐的愿望，顺应了人们既注重生理健康也注重心理健康的心理需求。例⑱反映了现代社会中竞争激烈，工作的压力使人们失去了许多快乐，人们在努力奋斗的同时不应忘记努力调适好自己的心情。

2.4 对平安需求的顺应

安全的需求也是人们除了健康等基本需求之外的不可或缺的心理需求，因为安定的外界环境是人们追求感情融洽、自我实现等更高层次需要的基础。安全需求包括心理和物质上的安全保障。中国传统文化向来注重安身立命、中庸平和，无论外界环境如何都希望始终保持安泰的境遇和淡泊的心灵。

⑲送你一件外套，前面是平安，后面是幸福，吉祥是领子，如意是袖子，快乐是扣子，口袋里满是温暖，穿上吧，让它相伴你的每一天！新年快乐！

⑳每一年的今天，都是一个全新的开始，任世事变幻，时光流转，幸福、平安、快乐、健康永远伴随你左右。

例⑲、例⑳将平安和幸福联系在一起，顺应了中国人“平安是福”的传统文化心理。而例⑳还顺应了人们在社会转型期各种矛盾冲突的激荡下，更加迫切希望追寻物质和心态上稳定安宁境遇的心理。

2.5 混合型

除了上述的心理需求以外，手机祝福短信中还涉及诸如成功、幸运、吉祥等多方面的社会心理需求，如“大展宏图”、“吉星高照”、“吉祥幸福”等常见的节日祝福语同时顺应了人们希望事业有成、人生幸运等多重心理诉求。这里限于篇幅，恕不一一论述。

3. 手机祝福短信的调查报告

3.1 数据来源及选择标准。

我们从新浪、搜狐等网站上随机选取2009年100条新年祝福短信。之所以选择新年祝福短信是因为元旦是中西方共有的节日，涉及的传播者范围广泛，并且没有年龄、性别、话题等限制，因此最能反映手机短信语言的特点以及所蕴含的普遍的社会心理语用动因。

3.2　结果与分析。

笔者从这100条短信中统计出不同类型的短信，并统计出每类短信在总体中所占的比例，如表1。表2显示的是手机祝福短信用语所揭示的社会心理需求。

表1　手机短信祝福用语的语言特征调查

	风格		编排形式		语码		基调	
	华丽	平实	传统	现代	单一	混合	抒情	幽默
数量	38	10	23	15	89	11	29	26
比例	38%	10%	23%	15%	89%	11%	29%	26%

表2　手机短信祝福用语社会心理需求调查

	快乐需求	健康需求	财富需求	平安需求	混合型
数量	51	39	38	21	22
比例	51%	39%	38%	21%	22%

表1显示祝福类手机短信华丽型占比例较大，传统型还很受欢迎，抒情型和幽默型都占一定比例，语码以单一为主，少部分为混合语码。表2中体现交际者快乐需求的祝福类手机短信占51%，表明快乐的情感需求是人们最迫切的愿望，以下依次是健康需求（39%）、财富需求（38%）、平安需求（21%）及混合型（22%）。Fairclough（1989、1992）认为语篇是社会行为的一种形式，语篇的生成受到许多非语言因素的影响；语言能够建构现实，而语篇是语言介入社会的具体工具。手机短信祝福用语社会心理需求分布状况折射出现代社会人们追寻快乐、重视健康、渴望财富、祈求平安及其他（如成功、幸运）社会心理诱因，大量祝福短信正是顺应了这些心理诉求才在人群中得以广泛地复制传播。作为一种媒体语篇，手机祝福短信不仅维系了人与人之间的情感，其丰富新颖的形式内容更倡导了传统与现代、抒情与调侃、中西文化相融合的多元文化氛围，建构了一种独特的“拇指文化”，促进了中国现代社会的文化多样性。

4. 结论

我们通过定量统计与定性分析相结合的方法，探讨了手机祝福短信的语言特征及其背后的社会心理诉求。研究表明，手机祝福短信无论在其风格、形式、语码和基调方面都具有鲜明的特色和创新性，顺应了交际双方社会心理层面的多种诉求。

我们也发现，手机祝福短信语言中也存在一些不规范的和错误的地方，有些短信思想内容空洞，语言文字运用不当，存在着语体的偏误和语用方面的失范，违反了交际中的准则和交际者的交际意图（孟建安，2004；陈莉，2007；唐叶，2005）。规范手机祝福短信用语的使用，促进社会语用健康发展是语言工作者面临的任务和挑战。

参考文献：

[1] Fairclough, N. 1989. *Language and Power* [M]. London: Longman.

[2] Fairclough, N. 1992. *Discourse and Social Change* [M]. Cambridge: Polity Press.

[3] Leech, G. N. 1983. *Principles of Pragmatics* [M]. London: Longman.

[4] Verschueren, J. *Understanding pragmatics* [M]. 北京：外语教学与研究出版社，2000.

[5] 陈莉. 手机祝福短信与现代人的节日生存状态 [J]. 北京邮电大学学报，2007 (2)：61 ~65.

[6] 陈汝东. 社会心理修辞学导论 [M]. 北京：北京大学出版社，1999.

[7] 陈献珩. 短信——都市语言交流的新时尚 [J]. 实事求是，2004 (1)：72 ~73.

[8] 陈新仁. 论语用的真实性 [J]. 外语与外语教学，2007 (9)：1 ~3.

[9] 康家珑. 交际语用学 [M]. 厦门：厦门大学出版社，2000.

[10] 林琼. 论幽默短信的结构和语用功能 [J]. 语言应用研究，2006 (3)：51.

[11] 孟建安. 手机短信话语文本的语体学分析 [J]. 修辞学习，2004 (4)：37 ~40.

[12] 索振羽. 语用学教程 [M]. 北京：北京大学出版社，2000.

[13] 唐叶. 手机短信 SMS 的社会语言学考察 [J]. 社会科学家，2005 (3)：186 ~188.

[14] 王德春等. 社会心理语言学 [M]. 上海：上海外语教育出版社，1995.

[15] 王德春，孙汝建. 社会心理语言学的理论和方法论基础 [J].

外国语，1992（4）：3 ~7 +82.

［16］周晓虹. 社会心理学［M］. 北京：高等教育出版社，2008.

附录2　变异与认同：网名的社会心理剖析

在时下日渐普及的网络交际当中，网络聊天、电子邮件、视频点播、网络游戏、网络博客以及网络布告栏的出现使得虚拟世界的互动交流成为可能。为了有效地参与其中，许多网民花样百出地为自己设计了网络昵称（即“网名”），由于许多网站对注册用户网名的条件异常宽泛，这为网名的建构提供了一个可以充分发挥想象力和创造力的空间（张莉，2004）。回顾网名研究的相关文献，可以发现大多研究关注的是网名的构成方式（王小溪，2008）、社会文化内涵（黄广芳，2007）及其背后的社会心理特点（剡根会，2007）。相对而言，从社会语用学角度探究网名微观本体特点以及主体认同特征的研究尚不多见（程俊，2006），而能从网名本体切入，结合一手语料对此予以探究更是当下网名研究亟待解决的一个重点。有鉴于此，我们尝试基于一手语料，从社会语用学视角出发调查并分析网名的语用内涵。值得一提的是，和以往的研究不同，我们不但试图从微观上深入挖掘网名本体的变异性，同时还以网络交际者为中心细致调查主体认同的差异性。通过上述两个维度的调查，力求全面揭示网名生成的社会语用理据，即从社会语用角度找到网名原生态以及演化态的具体动因，而这也正是21世纪国际语用学研究的趋势之一。

1. “网名”的本体与变异

从广义上讲，网名指个体在网络上使用的所有名字；从狭义上讲，网名指个体在网络聊天中所使用的名字。出于研究目的考虑，这里的网名指的是其狭义定义。从网名的学科属性来看，网名作为与计算机网络共生的新语言现象，也可以被纳入专名学的范畴。具体原因有三：其一，从功能上看，网名与普通姓名一样，主要是用来指称与识别个人的身份；其二，从意义上看，绝大多数网名不仅具备理性意义，而且具有丰富的联想意义和文化意义，这一点正是人名区别于普通代码符的重要特征；其三，从使用数量和价值来看，网名已超过了笔名等一般人名现象，且极具发展潜力。就本体而言，我们对于一些十分奇怪的网名，如“秋天すせ的情”以及“廳＝妈媽淂－話”等也表现出一种前所未有的包容力。那么这些纷繁复杂的网名背后是否存在某种规律呢？换言之，其语言本体是否表现出一定程度的语言规范性，抑或完全是杂乱的语码拼接？从本体角度来考察网名，就必须参照语言研究的基本层面，即形态、语义和语法三个基本层面（Robin，2000），这是因为网名的本体描述唯有依据语言学研究的基本层面才能挖掘得更为系统与全面。据此，我们将依据上述三个基本维度描摹网名在形态、语义和语法上的基本特点。

1.1 网名的本体共性

为了更好地描摹网名的本体特性（具体表现为网名间的共性与个性），笔者随机选取网名1 000个。对于本书所用的网名语料，这里先做几点说明。讨论所用的网名来源于2009年9月四个周末QQ网络聊天室中的用户网名列表（登录QQ聊天工具后，点击看谁在线，再点击按昵称检索即可）。之所以选择QQ聊天工具作为网名的原发地是因为其本土性，它在民众中具有很高的接受度、认可性以及实用性；之所以选择这个时段是因为周末放假，在线人数相对偏高，这无疑对于保证抽样的普适性大有裨益；在上网黄金时间（早晚9点钟）各选取125个，时间跨度为4周，最后选足1 000个网名是为了保证选择的随机性；如果遇到同一网名，则顺延取替。

依据我们所用的语料，笔者发现有关网名的本体共性特点：从形态构成层面来看，网名的构成要素无外乎汉语元素、英语元素、数字元素、符号元素、火星文元素等五种元素，这与王小溪（2008）的研究发现基本相同。从语义表征层面来看，网名的语义内容绝大部分都是可以理解的，但也表现出一定的偏离性。从语法的角度来看，网名对于语法性几乎没有造成任何的伤害，因为网名大多数情况下还是囿于词组的表达范畴当中。参照一般性命名规则，对网名的本体考察表明网名具备专名学研究对象的基本特点，因为它具有其他专名学研究对象所具备的范畴类别基因。当然这只是网名的共性特点，其本体特征还应该涵盖其个性差异——本体变异性。

1.2 网名的本体变异

在意识到其共性特征的同时，我们考察其本体个性，具体表现为网名的本体变异。而这一点也恰好是网名最明显的区别性特征，这在专名学研究中同样是十分重要的一点。如同我们参照语言学基本研究层面探究网名的本体共性一样，这里网名变异性考察同样以上述几个维度为参照系。这里将变异性单作一节，一方面是为了呼应前文的本体共性描摹，另一方面是可以更显要地交代网名的特殊性所在。在下文探讨网名变异性的过程中，其中形态层面侧重网名的构成手段分析；语义层面侧重网名用语的词汇意义以及色彩分析，即语义场的特点描述；语法层面侧重网名的结构性特点分析，即结构性分析。

1.2.1　形态变异

依据前文所述，网名在形态上基本由汉语元素、英语元素、数字元素、符号元素以及火星文元素共计五种元素构成。从形态上看，语料表明网名不但表现在上述五种元素内部的组合与叠加，而且更多地表现出一种跨组别的强组合、高产出能力。具体匹配的实例如表1所示：

表1　网名构成元素匹配表

元素＼元素	汉语	英语	数字	符号	火星文
汉语	＊丫丫	和你 Kiss	小4	忘◎忧￥草	___ヾ_ ㄕΘΘ
英语	—	＊ Alone again	as4455	US￥VY	Me↘（ㄅ傷
数字	—	—	＊ 7486	0%0	11 ⬚宀呗
符号	—	—	—	＊丶丶丶	糗鉅祢丨↘
火星文	—	—	—	—	＊ㄅ傷

（注：其中＊表示由单一元素构成，—表示空白）

通过观察表1，可以发现网名变异性十分突出地表现在构成元素的杂合性特征之上。除了单纯使用五种元素建构网名之外，语料中还发现了不少跨元素的网名组合（如表1具体栏目所示）。网名构成元素的多形态化无疑为网名建构的可能性拓展了更大的空间，同时也极其明确地划定了网名建构的可行性范畴。通过观察网名的复杂形态构成，不难发现网名的“名字”内涵正在发生蜕变，因为许多名字不再具有名字易于称呼、便于交际的基本特点①。归根结底，多种非语言形态元素的掺杂与网名丧失了

---

① 在语言学中，人名通常和地名一道构成语言学的一个分支——专名学。在人名系统内，通常包括姓、氏、名、字、号、谥、笔名、小名、艺名、化名、教名、尊称、爱称、简称等因子。

所谓“名者，自命也。从口夕，夕者，冥也，冥不相见，故以口自名”（许慎，1981）。具体来说，黄昏后，天暗黑不能相认识，各以代号称。这便是名的由来。这多少有些传说意味。人们发现使用“名”的便利性，便逐渐通行起来，使得人皆有名，并对命“名”讲究起来。

交际的便捷性直接相关。

就我们所选取的1 000个网名语料来看，网名在构成形态类别上的分布特点十分明显（具体如图1所示）。

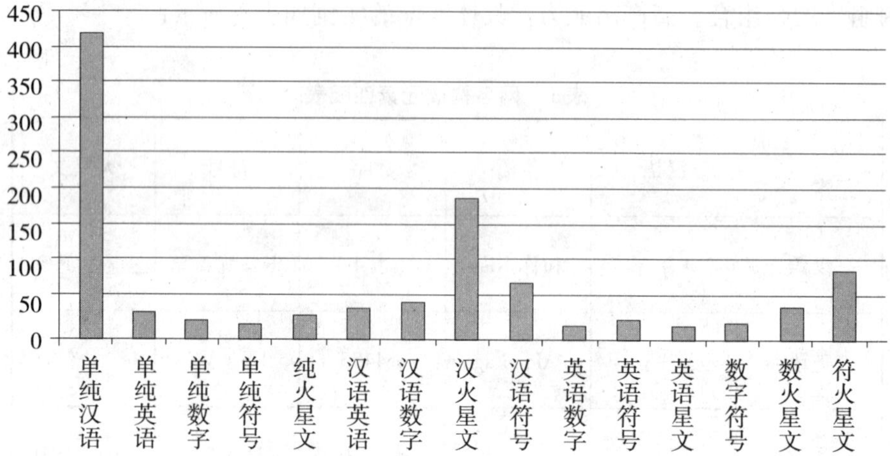

图1　网名构成形态类别的分布频数

图1显示，在网名的形态构成上，比例最高的前四类（频次超过50）分别是单纯汉语网名、汉语火星文类网名、符号火星文类网名和汉语符号类网名。这一发现与武小军（2006）的发现比较一致。但同时我们还发现，与在其他领域汉语受到外语的适应性影响（郭鸿杰，2005）相比，网名中的语言变异则一方面体现为汉语受到英语的冲击，另一方面又体现在汉语更多地受到符号以及火星文的影响，表现出一种复古的倾向。例如，2008年网络流行语中具有象形意味的“囧”字高居榜首就是一个很好的实例。这是一个十分有趣的发现，因为语言发生变异的过程中，遭到淘汰的往往都是词汇系统中存在的一些过时表达，它们为了保持语言系统运作的经济高效而让位于新词新语。这种历时性的反向回归在语言变异史中如此大规模地出现比较少见，因此值得学界进一步关注。

网名的其他几类构成虽然占据比例不是很大，但同样值得关注。一方面，这将影响到语言使用的规范问题。尽管在网名的形态构成上可以看到汉语的强大组合能力，但同时也需要注意非语言符号的介入所伴生的不可读性多少会剥离语言交际的基本交际功能，也会对语言使用规范的维系带来消极影响。另一方面，网名构成形态的复杂多样也从某种程度上印证了其欺骗性特征的内在心理表征属性（丁道群，2005），即个体在自我表征的过程中有一种隐蔽自己的心理倾向性。从汉语到英语到数字，到符号再到火星文，这一语义信息传递之间的依次减少为网名的欺骗性掩饰提供了“良好”的手段。

1.2.2　语义变异

网名在语义维度上的变异性考察主要体现在其语义场考察之上。通过分析网名用词所属的语义场，进而破译网名的语义内涵倾向性，如自我特征抑或是内心的渴求。在正式分析之前，这里需要说明两点。第一，由于某些网名构成元素根本不可理解，因此它们并没有被划入本研究的考察范围当中。第二，鉴于第一点原因，我们只考虑带有汉语和英语这些可以确定其语义的网名实例。因此，如下几类网名完全排除在外：单纯符号型网名、单纯数字型网名和数字符号型网名。有些火星文的意义同样很难推测，因此不在统计当中，如“镓和”就不能确定其具体语义内容；而有些火星文则可以推测出其具体含义，因此我们将其计算在内，如“沵つ 峩的唯”（大概意思是“你是我的唯一”）。这样1 000个网名实例经过筛选后就剩下834个[①]可以确定语义的实例。

在对网名词汇的语义场进行归类时，宏观上，我们按照物理世界、心理世界和社会世界三个维度进行分类；微观上，笔者对于上述三个世界进行细分，其中物理世界分为时间和空间两个维度，有关二者的网名被归入时空类；心理世界具体分为认知与情感两类；社会世界则主要表现为身份特征。就具体语料实例来看，其中有关物理世界的网名有71例，有关心理世界的网名有679例，有关社会世界的有84例，总计834例。有关几类网名的具体分布关系，我们表示为图2：

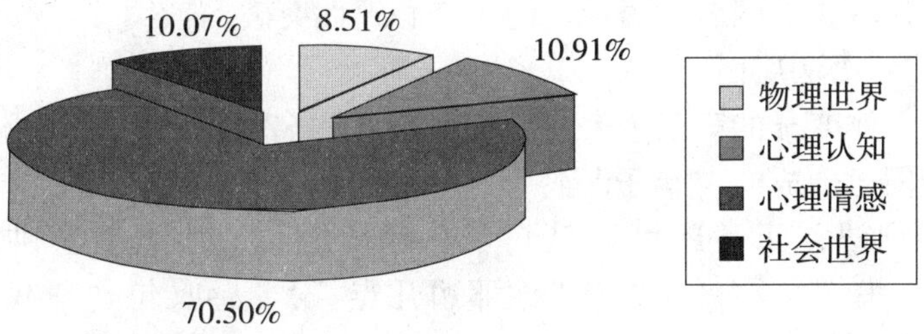

图2　网名用词的语义场类型与分类关系

---

① 在本研究语料所涉及的1 000个网名实例当中，去掉11个纯符号型网名、16个纯数字型网名、13个数字符号型网名，还剩960个。这里还包括18个不能确定语义内容的纯火星文型网名、30个数字火星文型网名以及78个符号火星文型网名。因此，最后可以确定语义内容的网名共有834个。

通过比较三类网名用词，可以发现网名所传递的语义信息大多与心理属性有关，占 81.41%。有关心理世界类型的网名，我们再按照认知与情感类进行细分，结果发现认知类网名有 91 例，而情感类网名有 588 例，分别占表征心理世界的网名总数 679 的 13.40% 和 86.60%。由此可见，有关心理世界网名的二次分类更加突显网名用词的心理倾向性特点。换言之，网名的语义场分析表明，心理性词汇，特别是情感性词汇是网名传达语义的主要手段。这里需要注意的是，尽管物理世界、社会世界的语义场分析并未被本研究划入情感型表达之列，但是实际上它们也多少传达了一些情感意义。例如，“春天”和“在水一方”这两个网名一个表达时间，一个表达空间意义。从表面上看，二者不传达任何情感意义，但是如果稍作联想，不难理解其实二者也间接地传达了情感意义：“在水一方”会让人想到“有位佳人”，因此是隐性的对爱情的期盼或希冀；而“春天”代表了生机和希望，所以也可以解释为对于希望与新生的渴求。但是由于其解读具有一定的歧义性，所以本研究并未将其算入表征心理世界的网名范畴当中。

另一点值得注意的是，在情感表达类中，性别吸引词所占比例最高，这也突显了网络交友与聊天的“性吸引”特征。网名不但成了个人内心世界得以表征的手段，同时也是宣泄内心“异性情缘”的心理平台。这与传统名字的命名特点大相径庭，因为传统命名强调的是要么与社会方面密切相关，如建国、中华等；要么是对于两性美的体现，如男性多尚英武，雄浑劲健，像胜、武等；而女性则慕美丽贤淑，如淑珍、云霞等（钱兴地，2007）。比较而言，网名和一般性命名表现出明显的语义错位特点：一些在传统命名中未曾得以实现，甚或永远不会实现的心理维度在网名上实现了，这可以看作是网名在语域上的一个心理性突破。

1.2.3　语法层面

网名本体变异的第三个表征维度体现在网名的语法层面。这里，语法层面是指网名构成的“句子”特性——网名同其他命名不同，它不但可以是单个的词语，而且还可以是句子。确切地说，从类型上讲，陈述句（“我不后悔。”）、疑问句（“你那边几点?”）、感叹句（“我爱我的老公!”）、祈使句（“别靠近我!”）、倒装句（“月亮我弄弯的。”）以及几类句式的杂糅（“谁？会！回头!”）均有所出现。

就语法层面而言，网名的变异性表现在“网名”延展性的增强——其具体实现形式由“词语”层面扩散到“句子”层面，这不能不说是网名的一个重要变异点。尽管这类网名比较少（我们总共发现 79 个，占 10%），却表明网名正在从外延上超越一般性命名，同时也标识了网络语言创新性的嬗变。当然，网名在语法层面上的充实离不开其交际功能的考虑，网名的“句法化”扩散同样直接指向吸引别人注意，进而达到交友的目的（丁道群，2005）。这体现在其语义指向的明确性以及丰富性之上。不管网名的句子实现形式是指向自己，还是指向他人，它们都十分有效地传达了更为丰富的信息。这是因为和词语类网名相比，句子类网名所含的语符更多，表意也就更为丰富。加之其中所包含的明确指示语（你或我）使得其指向性也变得更为明确。句子型网名的表意丰富性除了表现在所含的语符较多之外，还表现在这类网名为修辞手法的运用提供了可能空间，尤为突出的是仿拟。之所以将仿拟辞格在句子型网名中出现认作是表意丰富的手段，是因为仿拟辞格的解读需要参照一定的认知脚本。例如，“天涯何处无芳草，还是母乳喂养好”的认知脚本就是“天涯何处无芳草，何必独恋一枝花”。这样看似一个网名，但是在解读中激活的却是两个空间域甚至多个空间域的知识（汪立荣，2005）。这样，无形中该类网名传递的信息会比一般网名传递的语义更为丰富，幽默就是其中之一。

2. 网名的变异与认同

上述分析表明网名在本体上表现出诸多变异之处，那么现实中网络使用者又是如何看待网名的上述种种变异的呢？换言之，如果将上述网名中的一些代表样例呈现给网民，他们又会怎样解读这些变异呢？

2.1　研究问题

为了从主体的角度更为深入地完成网名的变异性调查，笔者就网名的认同展开具体调查，尝试回答如下几个问题：

第一，网民如何解读不同形态构成的网名？

第二，网民对于不同网名的认同程度如何？

第三，网民如何看待网名在网络交际当中的作用与特性？

2.2　研究对象

调查对象是东北某高校英语专业大三学生，这些学生均选修了英文网上阅读课程，共61人。发放问卷61份后，回收有效问卷55份，其中男生13人，女生42人。研究对象普遍反映自己都有网名，而且对于网络聊天非常熟悉。

2.3　研究工具

为了回答以上几个问题，笔者首先发放了一些有关网名观点的开放性问卷，然后在这些问卷的基础上，编写最终调查问卷。问卷主要由三个部分组成。第一部分是具体网名实例分析，由17个不同形态类型的网名作为测试样本（男性网名9例，女性网名8例），涵盖了五种主要元素组内、组间匹配的15种可能。需要说明的是，在呈现给调查对象的网名实例中，纯汉字型网名的例子多一点，这也是考虑到具体应用中汉语网名占据最高比例的真实性。在问卷发放下去后，要求调查对象就某一给定网名分析其可能性别、年龄、所获得的信息以及猜测网民取这个名字的可能原因。问卷的第二部分有关调查对象对于网名的认同程度，需要回答哪些网名和自己的网名最像，哪些又最不像，分别举出三个实例。第三部分涉及网名在网络交际中的作用与欺骗性评论。所有问卷问题都以开放性方式呈现，因此可以充分保证问卷调查的开放性与描述充分性。

3. 研究结果与讨论

3.1 调查对象对于网名的分析

调查对象对于网名的分析主要围绕性别、年龄、名字隐含信息以及取名原因四个方面展开。就性别维度和年龄维度来看，调查对象在判断上存在很大的出入，具体如表2所示。就网名使用者的性别维度而言，调查对象的分析准确性一般都很高。对于带有明显语言标志的网名，调查对象都可以尝试猜测使用者的性别。但是，有趣的是“性别吸引性解读”往往会导致主体解读出现偏颇。例如，在对“满足你的人”这个网名的分析中，男性（97%）更倾向于将其解读为女性，而女性（98%）则更倾向于将其解读为男性。而那些性别耦合度很低的网名实例大多掺杂了非语言符号，因此往往很难破译其性别内涵，具体如表2所示。整体而言，调查对象所预测的年龄均高于实际年龄，并且调查对象的准确度往往大打折扣。这多少与网名使用者所注册的年龄信息本身存在的虚假性有关，因此年龄的隐私性是促成调查对象对于网名使用者年龄揣测失准的直接原因之一。反过来，年龄的不可预测性表明网名具有一定的欺骗性。

表2 网名实例分析结果

网名	性别		年龄	
	真实性别	调查性别耦合度（%）	真实年龄	调查年龄均值
獨壹々無貳	男	100	18	19
满足你的人	女	30	30	32
阳湖超市－帅	男	100	40	18
和你 Kiss	女	78	17	20
風尘鈫 P 子	女	100	23	33
背叛情、继续	女	86	21	37
现在进行式	女	57	34	18

（续上表）

网名	性别		年龄	
	真实性别	调查性别耦合度（%）	真实年龄	调查年龄均值
谁？会！回头	女	32	15	35
Alone again	男	42	19	26
小4	男	33	17	21
忘◎忧￥草	女	100	17	19
⋱ ⋱ ⋱	男	—	19	—
1313	男	—	25	—
As4455	男	—	29	—
Me↘（ㄅ傷	男	89	18	20
11 ⬚冖呗	女	98	19	24
0%0	男	—	13	—

（注：这里的耦合度是指调查对象所填写性别频数与样本总量的比值，“—”表示无法计算）

对于网名所蕴含的语义信息，调查对象的解读可谓多种多样。从网名本体上讲，这直接表明了网名用词的歧义性。细致观察调查对象对于网名实例的解读，笔者发现负面评价往往多于正面评价。换言之，调查对象大多给出带有贬义的解读。十分有趣的是，即便是中性色彩的网名也被赋予一些消极的语义内涵。“现在进行时”就是个很好的例子。不少调查对象都将这一具有语法内涵的网名揭示为爱情的相关性，如“热恋中的男孩”、“事业爱情稳定”、“大一新生入学后新奇地接受新东西”、“应该在热恋中”、“感情正稳定当中”等等，这不难反映出网名的解读往往表现出一定语义的倾向性——情感类内涵会被夸张地过度解读（调查对象当中作出类似解读的多达87%）。这多少说明了调查对象对于网名的使用本身就带有一定的认知偏见。

3.2　调查对象对于网名的心理认同

调查对象对于网名持何种认同态度呢？按照问卷要求，调查对象需要列出最像和最不像他/她的网名的三个实例。本研究发现，他们最为认同的前三个网名是“现在进行时”、“Alone again”和“獨壹々無貳”；最不认同的前三个网名是“满足你的人”、“和你 Kiss”以及“___ヾ_ ㄗΘΘ”。从调查结果来看，15 种形态构成的网名中认同程度最高与认同程度最低的网名情况如图3所示，按照降序依次排列。

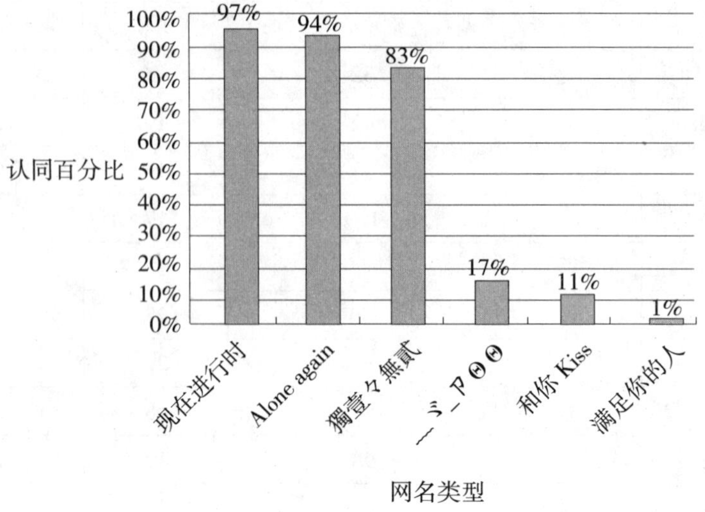

图3　网名实例认同程度分布

观察图3，我们不难发现制约网名认同程度高低的首先是它所蕴含的语义内容，其次才是其形态特征。至于为什么对“现在进行时”持最高的认可态度，调查对象认为这个网名“表述比较隐晦含蓄；显得很有朝气和活力；显得阳光灿烂；结构上普通，更正常一点”。至于“满足你的人”为什么会排在认同程度最低的首位，调查对象给出的分析：“这个人的网名真的很无聊；恶心，巨恶；意思过于露骨，让人难以接受；令人恶心，使人郁闷”。上述观点的比较表明，网名的认同度取决于两个因素：一个是语义内容，另一个是形态构成，其中前者所占比重较大。当然，调查对象也比较反感那些不认识的符号所组成的网名。本次调查前三位最（不）认同的网名的启示：第一，网名是否成功，其用词易读性颇为重要，网名内涵需要以文雅为主，而不应过于低俗露骨。第二，复古的火星文表达被高度认可需要引起学界注意，这注定会给汉字使用带来一定的冲击，带有明显的组内复古特征。第三，那些低认同度的网名则从反面揭示了网络交际者对于网名认同的倾向性。即便是使用火星文，也应该可以辨识具体语义，否则就很难实现交际目的。

3. 3　网名的功能与特性

有关网名的功能与特性，本研究的调查问卷共涉及三道题目。就第一题“网名在网络当中的作用”，绝大多数调查对象认为网名的功能在于表达自己或吸引别人；就“网名和一般命名的区别”，几乎所有对象都认为网名具有一定的随意性，不拘泥于形式，甚至基本没有任何规律可言。就第二题，“网名对于交到朋友是否很重要”，调查对象表现出两种极其相反的意见。除了0.9%的人表示无所谓之外，52.9%的调查对象认为网名很重要，因为网名“新鲜、有趣”。但并不是所有的调查对象都对此十分认可，46.2%的调查对象则认为网名对于交到朋友不是很重要，因为网名“最能骗人”。由此可见，随着网络的普及，网民对于网络以及网名的功能有了越发清醒的认识；网名的使用者以及交际对象不再像以前那样连接的是遥远的“我”和“你”，而渐渐地回归到一般性交际圈；随着网上交际回归到正常交际，网名与一般性命名的相似性很可能会慢慢地回升，网名的隐蔽性就失去了存在的意义。

就第三个问题：“你觉得网名的欺骗性大吗？你如何看待这种欺骗性？”所有的调查对象都认为网名在某种意义上存在一定的欺骗性。但至于如何看待，调查对象表现出十分客观的态度。这表明调查对象对于网名的欺骗性保持了十分清醒的头脑。同时，这也间接地表明网名距离回归一般性命名的基本特征很可能为时不远——这种内在的警惕性必然催动网络交际者慢慢聚合到熟悉的人群中展开交际，这迟早会使得网名隐蔽性与欺骗性的立足之地被蚕食殆尽。

4. 结语

基于一手语料，我们由社会语用视角出发分别从网名本体和网民主体的角度剖析了网名的社会语用内涵。从网名的本体特点来看，它在形态、语义和语法三个层面表现出明显的语用变异特征；从网民的主体认同来看，网民的社会心理动机促成了网名的本体变异性。对于网名社会语用内涵的挖掘不但可以加深我们对于网名的认识，而且对于建构绿色和谐的网络交际环境同样大有裨益。

当然，我们的研究也存在一些不足。例如，网名选取数量可以更多，并且调查对象数量可以适当增加等等。上述维度的丰实将更加有助于我们真切地认识网名使用的变异情况及其背后社会语用意识的变迁轨迹。我们在此权作引玉之砖，希望引起学界对于网络语言研究中微观语言结构理据性的关注，从而更为深入地认识网络语言本体以及网络语言人。

参考文献：

［1］Robin，R. H. *General Linguistics*［M］. 北京：外语教学与研究出版社，2000.

［2］程俊. 网名的特点及社会语用分析［J］. 绵阳师范学院学报，

2006 (6): 76 ~ 85.

[3] 丁道群. 网络空间的自我呈现——以网名为例 [J]. 湖南师范大学教育科学学报, 2005 (3): 97 ~ 100.

[4] 郭鸿杰. 英语对现代汉语的影响: 语言认知研究法 [M]. 上海: 上海交通大学出版社, 2005.

[5] 黄广芳. 网名及网名文化探讨 [J]. 社会科学论坛, 2007 (11): 119 ~ 121.

[6] 钱兴地. 当代汉语人名称呼语社会文化性探微 [J]. 太原师范学院学报, 2007 (2): 50 ~ 52.

[7] 剡根会. 网络传播中的"网名"与心理和谐 [J]. 甘肃政法成人教育学院学报, 2007 (5): 123 ~ 125.

[8] 王小溪. 浅析网名中的修辞手段 [J]. 现代语文, 2008 (8): 59 ~ 60.

[9] 汪立荣. 概念整合理论对移就的阐释 [J]. 现代外语, 2005 (2): 239 ~ 248 + 328.

[10] 武小军. 网名成因的社会语言学阐释 [J]. 求索, 2006 (11): 117 ~ 193.

[11] 许慎. 说文解字 [M]. 上海: 上海古籍出版社, 1981.

[12] 张莉. 网名的语言调查及文化分析 [J]. 河南大学学报, 2004 (3): 130 ~ 132.

参考文献

[1] Androutsopoulos, J. 2007. Bilingualism in the mass media and on the Internet [A]. In M. Heller (ed.), *Bilingualism: A Social Approach* [C]. London: Palgrave, pp. 207 - 232.

[2] Ariel, M. 1988. Referring and accessibility [J]. *Journal of Linguistics*, 24: pp. 65 - 87.

[3] Ariel, M. 1990. *Accessing Antecedents* [M]. London: Routledge.

[4] Ariel, M. 1994. Interpreting anaphoric expressions: A cognitive versus a pragmatic approach [J]. *Journal of Linguistics*, 30: pp. 3 - 42.

[5] Auer, P. 1988. A conversation analytic approach to code-switching and transfer [A]. In M. Hella (ed.), *Code-switching: Anthropologist and Sociolinguist Perspectives* [C]. Berlin & New York: Mouton de Gruyter, pp. 187 - 214.

[6] Austin. J. L. 1962. *How to Do Things with Words* [M]. Oxford: OUP. [(2002). *How to do Things with Words* [M]. Beijing: Foreign Language Teaching and Research Press.]

[7] Baker, C. & D. Dowty. 1993. Non-verbal thematic proto-roles [A]. In A. Schafer (ed.), *Proceedings of NELS* 23, Vol. 1 [C]. GSLA: Amherst, pp. 49 - 62.

[8] Bentahila, A. & E. E. Davies. 1992. Code switching and language dominance [A]. In R. B. Harris (ed.), *Cognitive Processing in Bilinguals* [C]. Amsterdam: Elsevier, pp. 443 - 458.

[9] Bentahila, A. & E. E. Davies. 1995. Patterns of code switching and patterns of language dominance [J]. *Lingua*, 96: pp. 75 - 93.

[10] Bentahila, A. & E. E. Davies. 1998. Code-switching: An unequal partnership? [A]. In R. Jacobson (ed.), *World Congress of Sociology: Code-switching Worldwide* [C]. Berlin & New York: Mouton de Gruyter, pp. 23 - 58.

[11] Blackmore, S. 1999. *The Meme Machine* [M]. Oxford & New York: Oxford University Press.

[12] Blom, J. & J. J. Gumperz. 1972. Social meaning in linguistic struc-

tures: Code switching in Northern Norway [A]. In J. J. Gumperz & D. Hymes (eds.), *Directions in Sociolinguistics* [C]. New York: Holt, Rinehart, and Winston, pp. 409 – 435.

[13] Blum – Kulka, S., J. House & G. Kasper. 1989. *Cross-Cultural Pragmatics: Requests and Apologies* [C]. New Jersey: Ablex Publishing Corporation, Norwood.

[14] Blum – Kulka, S. & E. Olshtain. 1984. Requests and apologies: A cross-cultural study of speech act realization patterns [J]. *Applied Linguistics*, 5/3: pp. 196 – 213.

[15] Boden, D. & D. Zimmerman (eds.). 1991. *Talk and Social Structure: Studies in Ethnomethodology and Conversation Analysis* [C]. Cambridge: Polity Press.

[16] Brodie, R. 1996. *Virus of the Mind: The New Science of the Meme* [M]. Seattle: Integral Press.

[17] Brown, P. & S. Levinson. 1978. Universals in language usage: Politeness phenomena. In E. Goody (ed.), *Questions and Politeness: Strategies in Social Interaction* [C]. Cambridge: Cambridge University Press, pp. 56 – 311.

[18] Brown, P. & S. Levinson. 1987. *Politeness: Some Universals in Language Usage* [M]. Cambridge: Cambridge University Press.

[19] Caffi, C. & R. Janney. 1994. Toward a pragmatics of emotive communication [J]. *Journal of Pragmatics*, 22: pp. 325 – 373.

[20] Carroll, W. 2000. *Psychology of Language* [M]. Beijing: Foreign Language Teaching and Research Press.

[21] Clark, H. 1996. *Using Language* [M]. Cambridge: Cambridge University Press.

[22] Cohen, P., J. Morgan & M. Pollack (eds.). 1990. *Intentions in Communication* [C]. Boston: The MIT Press.

[23] Croft, W. 2009. Connecting frames and constructions: A case study of "eat" and "feed" [J]. *Constructions and Frames*, 1: pp. 7 – 28.

[24] Cullen B. 1998. Parasite ecology and the evolution of religion [A]. In F. Heylighen (ed.), *The Evolution of Complexity* [C]. Dordrecht: Kluwer Academic.

[25] Davies, E. E. & A. Bentahila. 2008. Code switching as a poetic device: Examples from Rai lyrics [J]. *Language and Communication*, 28: pp. 1 – 20.

[26] Dawkins, R. 1976/1989. *The Selfish Gene* [M]. Oxford: Oxford University Press.

[27] Dor, D. 2003. On newspaper headlines as relevance optimizers [J]. *Journal of Pragmatics*, 35: pp. 695 –721.

[28] Ervin, E. 1990. The rhetoric of courtship: Conversation and cooperation in newspaper personal ads [J]. *ERIC*, *ED* 318072.

[29] Fauconnier, G. & M. Turner. 1998. Conceptual integration networks [J]. *Cognitive Science*, 22: pp. 133 –187.

[30] Fauconnier, G. & M. Turner. 2000. Compression and global insight [J]. *Cognitive Linguistics*, 11: pp. 283 –304.

[31] Ferguson, C. A. 1959. Diglossia [J]. *Word*, 15: pp. 325 –340.

[32] Ferrara, A. 1980. An extended theory of speech acts [J]. *Journal of Pragmatic*, 4: pp. 233 –252.

[33] Fillmore, C. J. 1982. Frame semantics [J]. *Linguistic Society of Korea*, pp. 111 –138.

[34] Fillmore, C. J. 1985. Frames and the semantics of understanding [J]. *Quadernie di Semantica*, 6 (2): pp. 222 –254.

[35] Fishman, J. 1967. Bilingualism with and without diglossia: Diglossia with and without bilingualism [J]. *Journal of Social Issues*, 23 (2): pp. 29 –38.

[36] Frege, G. 1892. On sense and reference [A]. In Geach, P. T. & M. Black (eds.), *Translations from the Philosophical Writings of Gottlob Frege* [C]. Oxford: Blackwell, pp. 56 –78.

[37] Gallois, C. 1994. Croup membership, social rules, and power: A social-psychological perspective on emotional communication [J]. *Journal of Pragmatics*, 22: pp. 301 –324.

[38] Goffman, E. 1967. *Interaction Ritual: Essays on Face – to – face Behavior* [M]. New York: Anchor.

[39] Grice, H. P. 1975. Logic and conversation [A]. In P. Cole (ed.), *Syntax and Semantics*. Vol. 9 [C]. London: Academic Press, pp. 41 –58.

[40] Grosjean, F. 1982. *Life with Two Languages* [M]. Cambridge & Mass: Harvard University Press.

[41] Grundy, P. 1995. *Doing Pragmatics* [M]. London: Edward, Arnold.

[42] Gumperz, J. J. 1969. Communication in multilingual societies [A]. In S. Tyler (ed.). *Cognitive Anthropology* [C]. New York: Holt, Rinehart,

and Winston, pp. 435 – 449.

[43] Gumperz, J. J. 1982. Conversational code switching [A]. In J. J. Gumperz (ed.), *Discourse Strategies* [C]. Cambridge: Cambridge University Press, pp. 59 – 99.

[44] Halmari, H. 1997. *Government and Code Switching: Explaining American Finnish* [M]. Amsterdam & Philadelphia: John Benjamins.

[45] Haugen, E. 1956. *Bilingualism In America: A Bibliography And Research Guide* [M]. Alabama: University of Alabama Press / American Dialect Society.

[46] Hewitt, J. 1994. *Self and Society: A Symbolic Interactionist Social Psychology* [M]. Boston: Allyn and Bacon.

[47] Heylighen F. 1992. Selfish memes and the evolution of cooperation [J]. *Journal of Ideas*, 2: pp. 77 – 84.

[48] Holtgraves, T. 2002. *Language as Social Action: Social Psychology and Language Use* [M]. London: *Lawrence Erlbaum Associates*.

[49] Huang, Y. 2007. *Pragmatics* [M]. Oxford: OUP.

[50] Jacobson, R. 1977. The social implications of intra-sentential code-switching [A]. In J. Amastae & L. Elias – Olivares (eds.), *Spanish in the United States: Sociolinguistic Aspects* [C]. Cambridge: Cambridge University Press, pp. 182 – 208.

[51] Jaszczolt, K. M. 2004. *Semantics and Pragmatics: Meaning in Language and Discourse* [M]. Beijing: Beijing University Press.

[52] Keenan, E. E. 1971. Two kinds of presupposition in natural language [A]. In C. J. Fillmore & T. D. Langendoen (eds.), *Studies in Linguistic Semantics* [C]. New York: Holt, Rinehart, and Winston, pp. 45 – 52.

[53] Kronrod, A. & O. Engel. 2001. Accessibility theory and referring expressions in newspaper headlines [J]. *Journal of Pragmatics*, 33: pp. 683 – 699.

[54] Lakoff, G. 1972. Hedges: A study in meaning Criteria and the logic of fuzzy concepts [A]. In *Chicago Linguistic Society Papers* [C]. Chicago: Chicago Linguistic Society, pp. 183 – 228.

[55] Lakoff, G. 1987. *Women, Fire, and Dangerous Things: What Categories Reveal About the Mind* [M]. Chicago: University of Chicago Press.

[56] Lakoff, G. 2003. *Moral Politics* [M]. Chicago: University of Chicago Press.

[57] Lakoff, G. 2004. *Don't Think of An Elephant! Know Your Values and Frame the Debate* [M]. White River Junction, VT: Chelsea Green.

[58] Lakoff, G. 2006a. *Whose Freedom? The Battle Over America's Most Important Idea* [M]. New York: Farrar Strauss Giroux.

[59] Lakoff, G. 2006b. *Thinking Points: Our American Vision and Values; A Progressive's Handbook* [M]. New York: Farrar Strauss Giroux.

[60] Lakoff, G. 2006c. *When Cognitive Science Enters Politics* [R]. Rockridge: Rockridge Institute, http://www.rockridgeinstitute.org/research/lakoff/whencognitivescienceenterspolitics/view.html.

[61] Lakoff, G. 2006d. *Occupation: The Inconvenient Truth About Iraq* [R]. Rockridge: Rockridge Institute, http://www.rockridgeinstitute.org/research/lakoff/occupation/view.html.

[62] Lakoff, G. 2006e. "*War on Terror*", *Rest In Peace* [R]. Rockridge: Rockridge Institute, http://www.rockridgeinstitute.org/research/lakoff/gwot_rip/view.html.

[63] Lakoff, G. & E. Frisch. 2006. *Five Years After 9/11: Drop the War Metaphor* [R]. Rockridge: Rockridge Institute, http://www.rockridgeinstitute.org/research/rockridge/fiveyearsafter911/view.html.

[64] Lakoff, G. & M. Johnson. 1999. *Philosophy in the Flesh* [M]. New York: Basic Books.

[65] Lakoff, G. & M. Johnson. 2003. *Metaphors We Live By* (second edition) [M]. Chicago: University of Chicago Press.

[66] Lakoff, R. 1973. Language and women's place [J]. *Language in Society*, 2: pp. 45 – 79.

[67] Langacker, R. 1991. *Foundations of Cognitive Grammar: Vols.* II [M]. Stanford: Stanford University Press.

[68] Langacker, R. 1998. Conceptualization, symbolization, and grammar [A]. In M. Tomasell (ed.), *The New Psychology of Language: Cognitive and Functional Approaches to Language Structure* [C]. Mahwah: Lawrence Erlbaum Associates, pp. 1 – 40.

[69] Leech, G. N. 1983. *Principle of Pragmatics* [M]. London: Longman.

[70] Leech, G. N. & M. H. Short. 1981. *Style in Fiction: A Linguistic Introduction to English Fictional Prose* [M]. London: Blackwell.

[71] Maddalena, A. & B. A. elmonte. 2011. Unveiling the writer – reader interaction in Peninsular Spanish and American English newspaper editorials: A

cross linguistic study [J]. *Journal of Pragmatics*, 3: pp. 891 -903.

[72] Malone, M. 1997. *Worlds of Talk: The Presentation of Self in Everyday Conversation* [M]. Cambridge: Polity Press.

[73] Marley, C. 2008. Assuming identities: The workings of intertextual metaphors in a corpus of dating ads [J]. *Journal of Pragmatics*, 40 (3): pp. 559 -576.

[74] McClure, E. 2000. The relation between form and function in written national language - English code-switching: Evidence from Mexico, Spain and Bulgaria [A]. In R. Jacobson (ed.), *Code-switching Worldwide* [C]. Berlin & New York: Mouton de Gruyter, pp. 125 -150.

[75] Muntigl, P. & W. Turnbull. 1998. Conversational structure and face-work in arguing [J]. *Journal of Pragmatics*, 29: pp. 225 -256.

[76] Myers - Scotton, C. 1993a. *Duelling Languages: Grammatical Structure in Code Switching* [M]. Oxford: Clarendon Press.

[77] Myers - Scotton, C. 1993b. *Social Motivations for Code Switching: Evidence from Africa* [M]. Oxford: Clarendon Press.

[78] Nir, R. 1993. A discourse analysis of news headlines [J]. *Hebrew Linguistics*, 37: pp. 23 -31.

[79] Potter, J. 1996. *Representing Reality: Discourse, Rhetoric and Social Construction* [M]. London: Sage.

[80] Potter, J. 1998. Discursive social psychology: From attitudes to evaluative practices [J]. *European Review of Social Psychology*, 9: pp. 233 -266.

[81] Quirk, R., S. Greenbaum, G. Leech & J. Svartvik. 1985. *A Comprehensive Grammar of the English Language* [M]. London: Longman.

[82] Rampton, B. 1998. Language crossing and the redefinition of reality: Expanding the agenda of research on code-switching [A]. In P. Auer (ed.), *Code-switching in Conversation: Language, Interaction and Identity* [C]. London: Routledge, pp. 290 -317.

[83] Robin, R. H. 2000. *General Linguistics* [M]. Beijing: Foreign Language Teaching and Research Press.

[84] Romaine, S. 1995. *Bilingualism* [M]. Oxford: Blackwell.

[85] Rubin, E. 1915. *Synoplevde Figurer* [M]. Kopenhagen: Gyldendalske.

[86] Searle, J. 1969. *Speech Acts* [M]. Cambridge: Cambridge University Press.

[87] Searle. J. 2001. *Expression and Meaning: Studies in the Theory of Speech Acts* [M]. Beijing: Foreign Language Teaching and Research Press.

[88] Sinclair , J. & M. Coulthard. 1975. *Towards an Analysis of Discourse: The English used by Teachers and Pupils* [M]. Oxford: Oxford University Press.

[89] Sperber, D. & D. Wilson. 1986/1995. *Relevance, Communicaiton and Cognition* [M]. Oxford: Blackwell.

[90] Stalnaker, R. C. 1991. Pragmatic presuppositions [A]. In S. Davis (ed.), *Pragmatics: A Reader* [C]. Oxford: OUP, pp. 471 -482.

[91] Strawson, P. F. 1950. On referring [J]. *Mind*, 59: pp. 320 -344.

[92] Talmy, L. 1978. Figure and ground in complex sentences [A]. In J. H. Greenberg (ed.), *Universals of Human Language*, Vol. 4, *Syntax* [C]. Stanford: Stanford University Press, pp. 625 -649.

[93] Tannen, D. 1984. *Conversational Style: Analyzing Talk among Friends* [M]. New Jersey: Ablex Publishing Corporation.

[94] Tanti C, et al. 2011. Social identity change: Shifts in identity during adolescence [J]. *Journal of Adolescents*, 34: pp. 555 -556.

[95] Taylor, S. , L. Peplau & D. Sears. 2004. 社会心理学 [M]. 北京: 北京大学出版社.

[96] Thomas J. 1995. *Meaning in Interaction: An Introduction to Pragmatics* [M]. London: Longman. [2010. Beijing: Foreign Language Teaching and Research Press.]

[97] Turnbull, W. 2001. An appraisal of pragmatic elicitation techniques for the social psychological study of talk: The case of request refusals [J]. *Pragmatics*, 11: pp. 31 -61.

[98] Turnbull, W. 2003. *Language in Action: Psychological Models of Conversation* [M]. Hove: Psychology Press.

[99] Turnbull, W. & J. Carpendale. 1999a. A social pragmatic model of talk: Implications for research on the development of children's social understanding [J]. *Human Development*, 42: pp. 1 -25.

[100] Turnbull, W. & J. Carpendale. 1999b. Locating meaning in interaction, not in the brain [J]. *Behavioral and Brain Sciences*, 22: pp. 304 -305.

[101] Turnbull, W. & J. Carpendale. 2001. Talk and the development of social understanding [J]. *Early Education and Development*, 12: pp. 455 -477.

[102] Turnbull, W. & K. Saxton. 1997. Modal expressions as facework in refusals to comply with requests: I think I should say "no" right now [J]. *Journal*

of Pragmatics, 27: pp. 145 – 181.

[103] Wood, L. A. & R. O. Kroger. 1994. The analysis of face-work in discourse: Review and proposal [J]. *Journal of Language and Social Psychology*, (13): pp. 248 – 277.

[104] Verschueren, J. 1999. *Understanding Pragmatics* [M]. London: Arnold.

[105] Verschueren, J. 2008. Context and structure in a theory of pragmatics [J]. *Studies in Pragmatics* 10: pp. 14 – 24.

[106] Vogt, H. 1954. Language contact [J]. *Word*, 10, (2 – 3): pp. 365 – 374.

[107] Weinreich, U. 1953. *Language in Contact* [M]. The Hague: Mounton.

[108] Wilson, D. 2001. Preface [A]. In Z. He & Y. Ran (eds.), *Pragmatics and Cognition: Relevance Theory* [C]. Beijing: Beijing Foreign Language Teaching and Research Press, pp. 1 – 16.

[109] Yule, G. 1996. *Pragmatics* [M]. Oxford: Oxford University Press.

[110] 白解红. 性别语言文化与语用研究 [M]. 长沙: 湖南教育出版社, 2000.

[111] [德] 布斯曼. 语言与语言学词典 [Z]. 北京: 外语教学与研究出版社, 2000.

[112] 蔡石柏, 谢玉华, 庞红. 女性消费品市场与经济增长关系的研究 [J]. 经济经纬, 2001 (3): 93 ~ 96.

[113] 陈琳霞, 何自然. 语言模因现象探析 [J]. 外语教学与研究, 2006 (2): 108 ~ 114.

[114] 陈淑莹. 标示语英译的语用失误探析 [J]. 四川外国语学院学报, 2006 (1): 117 ~ 120.

[115] 陈新仁. 论广告用语的语用预设 [J]. 外国语, 1998 (5): 54 ~ 57.

[116] 陈新仁. 汉语告示语的语用研究 [J]. 暨南大学华文学院学报, 2001 (4): 58 ~ 65.

[117] 陈新仁. 会话信息过量现象的语用研究 [M]. 西安: 陕西师范大学出版社, 2004a.

[118] 陈新仁. 论语用平衡 [J]. 外语学刊, 2004b (6): 42 ~ 47.

[119] 陈新仁. 新编语用学教程 [M]. 北京: 外语教学与研究出版

社，2009a.

[120] 陈新仁. 语用学研究的社会心理维度 [J]. 中国外语，2009b (5)：46～52.

[121] 陈新仁. 批评语用学视角下的社会用语研究 [M]. 上海：上海外语教育出版社，2013.

[122] 陈新仁，余维. 语用学研究需要更宽广的视野 [J]. 中国外语，2008 (2)：46～52.

[123] 陈致烽. 从语用学的角度看广告语创作 [J]. 福建师范大学付清分校学报，2002 (4)：92.

[124] 程俊. 网名的特点及社会语用分析 [J]. 绵阳师范学院学报，2006 (6)：76～85.

[125] 崔达送. 警示语和社会文明 [J]. 汉语学习，1992 (1)：47.

[126] 崔秀珍，芮燕萍. 汉语广告语的顺应性解释 [J]. 中北大学学报（社会科学版），2009 (1)：52～54.

[127] 崔学新. 谈“meme”及其汉译名“模因” [J]. 中国科技术语，2008 (4)：33～35.

[128] 戴宗显，吕和发. 公示语汉英翻译研究——以2012年奥运会主办城市伦敦为例 [J]. 中国翻译，2005 (6)：38～42.

[129] 第二期中国妇女地位调查课题组. 第二期中国妇女地位抽样调查主要数据报告 [J]. 妇女研究论丛，2001 (5)：4～12.

[130] 丁道群. 网络空间的自我呈现——以网名为例 [J]. 湖南师范大学教育科学学报，2005 (3)：97～100.

[131] 冯新华. 跨文化交际中的语用失误——以房地产广告为例 [J]. 学术交流，2008 (12)：245～247.

[132] 冯学锋. 社会用语研究的两个问题 [J]. 语言文字应用，1994 (2)：101～103.

[133] [德] 弗雷格. 论含义与指称. 马蒂尼奇编，牟博等译. 语言哲学 [C]. 北京：商务印书馆，1998.

[134] 高晓芳，张琴. 模糊限制语：分类与应用 [J]. 四川外语学院学报，2002 (5)：89～91.

[135] 高有祥. 广播电视有声语言冗余度新探 [J]. 中国语文，2001 (4)：335～338.

[136] 贡灵敏，蒋跃. 英汉化妆品广告中模糊词使用的对比分析 [J]. *Sino-US English Teaching*，2007 (1)：49～53.

[137] 顾维勇. 实用文体翻译 [M]. 北京：国防工业出版社，2005.

［138］顾曰国．礼貌，语用与文化［J］．外语教学与研究，1992（4）：10～18.

［139］郭鸿杰．英语对现代汉语的影响：语言认知研究法［M］．上海：上海交通大学出版社，2005.

［140］韩晓英．基于语言顺应理论的娱乐新闻语用策略研究［D］．陕西师范大学硕士学位论文，2007.

［141］何三畏．征婚广告的双重宣示［J］．采写编，2003（3）：27.

［142］何兆熊．语用学概要［M］．上海：上海外语教育出版社，2000.

［143］何自然．语用学与英语学习［M］．上海：上海外语教育出版社，1997.

［144］何自然．语用三论：关联论·顺应论·模因论［C］．上海：上海教育出版社，2007.

［145］何自然，于国栋．语用学的理解——Verschueren 的新作评价［J］．现代外语，1999（4）：429～436.

［146］何自然，冉永平．语用学概论（修订本）［M］．长沙：湖南教育出版社，2002.

［147］何自然，何雪林．模因论与社会语用［J］．现代外语，2003（2）：200～209.

［148］何自然，陈新仁．当代语用学［M］，北京：北京大学出版社，2004.

［149］贺学耘．汉英公示语翻译的现状及其交际翻译策略［J］．外语与外语教学，2006（3）：57～59.

［150］胡涛晖．从关联理论看新闻标题［J］．湖南人文科技学院学报，2005（3）：77～79.

［151］华玉明．汉语重叠研究［M］．长沙：湖南人民出版社，2003.

［152］黄成夫．从顺应理论看英汉文化的含糊语言［J］．外语学刊，2007（4）：86～88.

［153］黄广芳．网名及网名文化探讨［J］．社会科学论坛，2007（11）：119～121.

［154］黄国文．语篇分析的理论与实践——广告语篇研究［M］．上海：上海外语教育出版社，2001.

［155］黄晞耘．罗兰·巴特研究：罗兰·巴特思想的转折点［J］．世界哲学，2004（1）：29～42.

［156］贾益民，张雪芹．广州新建住宅楼盘名称命名分析［J］．暨南

大学华文学院学报，2006（2）：66～78.

［157］贾玉新. 跨文化交际学［M］. 上海：上海外语教育出版社，2003.

［158］蒋华，王梅. 汽车车尾警示语的修辞和语用考察［J］. 语言漫谈，2006（1）：18～19.

［159］蒋华，王梅. 汽车车尾警示语的修辞和语用考察［J］. 语言漫谈，2006（1）：18～19.

［160］金立. 合作与会话：合作原则及其应用研究［M］. 中国社会科学出版社，2005.

［161］［荷］克斯帕尔·德·维尔克曼. 商标——创造·心理·理解［M］. 许振中编译. 北京：北京经济学院出版社，1991.

［162］李子墨. 楼盘名贪大求洋成风　南京冒出多个“国际楼盘”. http：//www.longhoo.net/gb/longhoo/news/nanjing/caijing/userobject1ai659025.html，2007－06－22.

［163］林新明. 礼貌原则解析及其文化特性［J］. *US-China Foreign Language*，2004（2）：7～15.

［164］林有苗. 称呼语转换策略的顺应性阐释［J］. 广东外语外贸大学学报，2007（6）：34～37.

［165］刘飞兵. 反语使用的认知与心理动机［J］. 外语学刊，2007（4）：82～85.

［166］刘凤玲. 商业楼宇命名的文化透视［J］. 修辞学习，2000（3）：25～26.

［167］刘建刚，闫建华. 论告示的语用等效翻译［J］. 上海翻译，2005（4）：32～35.

［168］刘性峰. 车尾语的语用属性研究［J］. 语文学刊，2011（10）：16.

［169］刘秀玉. 新编简明英语广告写作手册［M］. 北京：知识出版社，2002.

［170］刘泱. 南京楼盘已有150多个姓了［N］.《金陵晚报》，2006－12－13（A7）.

［171］刘洋. 广告中的预设研究［D］. 黑龙江大学博士学位论文，2006.

［172］刘义. 从可及性理论看英语新闻标题的指称表达［D］. 华中科技大学硕士学位论文，2008.

［173］吕和发. 汉英公示语词典［Z］. 北京：商务印书馆，2004a.

［174］吕和发．公示语的汉英翻译［J］．中国科技翻译，2004b（1）：38～41．

［175］吕津．杭州楼盘名称的语言文化分析［J］．浙江教育学院学报，2004（5）：35～40．

［176］马丽，刘乃仲．网络新闻标题的词语运用特色［J］．传媒论坛，2010（1）：28～29．

［177］莫爱屏．语用与翻译［M］．北京：高等教育出版社，2010．

［178］潘晶安，周毅．交通宣传语设计的社会语言学思考［J］．上海公安高等专科学校学报，2002（2）：29～30．

［179］裴国洪．都市女性消费心理与行为［J］．社会心理科学，2006（6）：69～74．

［180］彭建武，季英奎．新闻标题中的冒号在心理空间建构中的作用［J］．外国语言文学研究，2005（4）：32～26．

［181］钱冠连．语用学：统一连贯的理论框架——《理解语用学》（1999）述评［J］．外语教学与研究，2000（3）：230～232．

［182］［比］维索尔伦．语用学诠释［M］．钱冠连，霍永寿译．北京：清华大学出版社，2003．

［183］钱兴地．当代汉语人名称呼语社会文化性探微［J］．太原师范学院学报（社会科学版），2007（2）：50～52．

［184］秦刚．《海边的卡夫卡》现象及其背后［J］．读书，2007（8）：113～118．

［185］秦晓晴．动机理论研究及其对外语学习的意义［J］．外语研究，2002（4）：74～79．

［186］冉永平．语用学传统议题的深入研究　新兴议题的不断拓展——第十届国际语用学研讨会述评［J］．外语教学，2007（6）：6～10．

［187］冉永平，张新红．语用学纵横［M］．北京：高等教育出版社，2007．

［188］沈春娥，雷扬．修辞手法在网络新闻标题中的运用［J］．新闻前哨，2010（12）：65～66．

［189］石岩．运动训练中对中学生竞技动机的激励与培养研究［J］．湖北大学成人教育学院学报，2002（5）：40～42．

［190］粟长江．公安标示语和警示语的英译［J］．中国翻译，2003（3）：81～82．

［191］孙立新．现代女性消费心理及其营销策略［J］．商业经济，2007（1）：16～17．

［192］ 刿根会．网络传播中的“网名”与心理和谐［J］．甘肃政法成人教育学院学报，2007（5）：123～125.

［193］ 谭汝为．楼盘命名的社会语言学分析［J］．修辞学习，2004（1）：37～40.

［194］ 汪立荣．概念整合理论对移就的阐释［J］．现代外语，2005（2）：239～248.

［195］ 汪滔．广告英语［M］．合肥：安徽科技出版社，2001.

［196］ 王爱华．英汉拒绝言语行为表达模式调查［J］，外语教学与研究，2001（3）：178～185.

［197］ 王彩丽．对警示类告示语的认知语用分析［J］．江苏工业学院学报，2005（1）：60～63.

［198］ 王德春，孙汝建，姚远．社会心理语言学［M］．上海：上海外语教育出版社，1995.

［199］ 王德应，张仁华．潜规则的管理学思考［J］．财贸研究，2005（3）：114～116.

［200］ 王建华，袁国霏．简析社会用语的特征［J］．语言文字应用，1999（3）：55～59.

［201］ 王金波，王燕．从信息论的角度看汉英翻译的冗余现象［J］．中国科技翻译，2002（4）：1～4＋12.

［202］ 王玲．英文报纸新闻标题中的人物指称用语研究［D］．南京大学硕士学位论文，2004.

［203］ 王银泉，陈新仁．城市标识用语英译失误及其实例剖析［J］．中国翻译，2004（2）：81～82.

［204］ 王志松．消费社会转型中的“村上现象”［J］．读书，2006（11）：63～71.

［205］ 王小溪．浅析网名中的修辞手段［J］．现代语文，2008（8）：59～60.

［206］ 魏在江．广告语言变异及语用目的的分析［J］．西南政法大学学报，2002（6）：29～31.

［207］ 伍铁平．论语言的机制［A］．张后尘主编．《外语与外语教学》出版百期纪念论文选萃［C］．上海：上海外语教育出版社，1997. 36～52.

［208］ 吴伟雄．跳出标语译标语，现场见效最相宜［J］．上海翻译，2006（2）：30～34.

［209］ 吴亚欣．语用学研究的心理视角［J］．山西大学学报，2008

(6)：59～62.

［210］武小军．网名成因的社会语言学阐释［J］．求索，2006（11）：191～193.

［211］肖凭，文艳霞．解读征服女性消费心理的广告策略［J］．长沙航空职业技术学院学报，2007（3）：79～82.

［212］肖显宝．语言变异的社会心理成因探微［J］．长春理工大学学报，2006（9）：94～97.

［213］邢杰．译者思维习惯［J］．中国翻译，2007（5）：10～15.

［214］谢海东．名定乾坤：商务起名策划宝典［M］．北京：新世界出版社，2008.

［215］谢少万．也评顺应理论［J］．西安外国语学院学报，2003（3）：9～11.

［216］熊学亮，曲卫国．语用学采撷［M］．北京：高等教育出版社，2007.

［217］徐桂芝，王丽媛．汽车尾标语的语用特点分析［J］．现代语文，2006（6）：109～110.

［218］许慎．说文解字［M］．上海：上海古籍出版社，1981.

［219］许余龙．英汉指称词语表达的可及性［J］．外语教学与研究，2000（5）：321～328.

［220］薛冰，李悦娥．广告双关语的语用观和美学观［J］．外语与外语教学，2000（6）：35～36.

［221］杨全红．也谈汉英公示语翻译［J］．中国翻译，2005（6）：43～46.

［222］俞东明．语法歧义和语用模糊对比研究［J］．外国语，1997（6）：29.

［223］于伟昌．广州社会标志语汉译英的语用失误［A］．何自然．社会语用建设论文集［C］．广东外语外贸大学重点学科组语用学研究组，1998.

［224］袁周敏．英语专业学生抱怨语习得研究［J］．中国英语教育，2007（3）.

［225］张伯存．征婚广告：从私人话语到公共叙事［J］．当代作家评论，2004（4）：149～156.

［226］张莉．网名的语言调查及文化分析［J］．河南大学学报（社会科学版），2004（3）：130～132.

［227］张凌云．怎样让新闻标题“亮眼”［J］．新闻前哨，2010

(2)：76～78.

[228] 张瑞鸿. 模糊语言的顺应性解释 [J]. 外语与外语教学，2008 (7)：27～30.

[229] 张新红. 社会用语英译中的语用失误：调查与分析 [J]. 外语教学，2000 (3)：14～20.

[230] 张彦敏. 顺应理论在广告语中的应用 [D]. 四川师范大学硕士学位论文，2001.

[231] 张宜民. 语用视角下的征婚广告 [J]. 安徽农业大学学报，2006 (3)：134～137.

[232] 张云彪. "躲猫猫"的强势回归 [J]. 语文建设，2009 (6)：69～71.

[233] 赵静. 广告英语 [M]. 北京：外语教学与研究出版社，1992.

[234] 赵湘. 中英标识语的文化差异与语用翻译 [J]. 外语教学，2006 (2)：72～74.

[235] 赵英玲. 冲突话语分析 [J]. 外语学刊，2004 (5)：37～42.

[236] 郑建凤. 析广告语言的语用基础 [J]. 山西师范大学学报，2001 (1)：109～112.

[237] 郑献芹. 楼盘洋化的消极影响 [J]. 修辞学习，2006 (2)：18～20.

[238] 周平. 可及性理论与前指现象 [J]. 外语教学，2001 (4)：3～8.

[239] 周日安等. 社会用语学崛起的先声 [J]. 语言文字应用，1992 (3)：67～70.

[240] 周茹. 婚广告与媒体责任 [J]. 探索经纬，2002 (11)：21～22.

[241] 周宪. 思想的碎片 [M]. 济南：山东友谊出版社，2002.

[242] 朱琳. 汉英公示语的交际翻译策略 [J]. 语文学刊，2006 (23)：89～91.

[243] 宗世海. 论误解形成的社会心理根源 [J]. 现代外语，2003 (3)：268.

[244] 楼盘命名已进入"恶搞时代" [N]. http：//bbs. house365. com. 2006－09－21. 转引自《金陵晚报》，2006 年 9 月 20 日.

[245] http：//gzdaily. dayoo. com/html/2006－12/15/node_10264. htm.

[246] http：//www. tmnaming. com/fenleimingming. asp.

[247] http：//www. soufun. com.